《中国思想家评传》简明读本 主编 周宪 程爱民

梁启超

齐小刚 著

南京大学出版社

《中国思想家评传》简明读本
编委会

主　任：张异宾
副主任：周　宪
编　委（按姓氏笔画排序）：

　　　王明生　左　健　吕浩雪
　　　张异宾　周　宪　周　群
　　　金鑫荣　胡　豪　夏维中
　　　徐兴无　蒋广学　程爱民

总　序

古代中国不仅是人类的文明摇篮之一,也是人类的精神摇篮之一。

按照德国哲学家卡尔·雅斯贝尔斯(Karl Jaspers, 1883—1969)的观点,在埃及、美索不达米亚、印度和中国文明出现之后,从公元前800年到公元前200年之间,以公元前500年为中心,世界上又相继出现了一系列的文明,可以称之为轴心时代(Axial Age)。这些文明中出现了一些大思想家,对人类和世界的一些根本性问题提出了思考,提出了解脱或超越的目标与途径。中国的孔子、老子、墨子、庄子等思想家,印度的《奥义书》和释迦牟尼佛,希腊的诗人荷马、悲剧家修昔底德、哲学家赫拉克利特、柏拉图、阿基米德,巴勒斯坦的先知等等,几乎是同时在中国、印度和西方互不了解的情况下出现。他们创立了人们至今赖以为精神基础的思想范式或世界宗教,他们仍然与我们生活在一起。

如果以中国五千年文明的历史为坐标,再用雅斯贝尔斯的观点来衡量,那么生活在公元前551年至前479年间的孔子恰恰是中国文明进入轴心时代的代表人物,他处在中间点和转折点上:中国文明出现到孔子,孔子到我们现今的时代,前后各2500年左右。孔子以前,中国有思想但没有思想家;孔子以后,中国古代思想家层出不穷,为中华民族乃至整个人类留下了丰富的思想遗产。而孔子开创的"温故知新"、"信而好古"的思想原则,影响了中国的阐释传统,即尊重古人的思想遗产,不断地理解、发展古人的思想,从中获得思考和应对宇宙、社会、人生问题的资源,这也是我们今天为读者奉献这套《中国思想家评传》简明读本的缘由。

纵观悠久的中国古代思想史,中国思想家们贡献出的成果具有极高的造诣与价值,在世界思想史上独树一帜,很多思想对于当代中国乃至世界而言,可谓历久弥新,极具生命力。百家争鸣的先秦诸子、博大宏深的汉唐经学、简易幽远的魏晋玄学、尽心知性的宋明理学是思想学术的奇葩;佛教的色空禅悦、道教的神仙修养是宗教信仰的沃土;其他如经世济民的政治、经济理想,巧夺天工

总　序

的科技、工艺之道,风雅传神、丹青不老的文学艺术……都蕴蓄着丰富的思想。中国的思想一方面激烈辩论,水火不容,一方面百虑一致,殊途同归;一方面开宗立派,门户林立,一方面互相启发,入室操戈。儒、释、道三教可以论衡而融合,九流十家可以并行而不悖。总之,中国的思想成就丰富多彩,贯穿着天人合一、知行合一、刚健中和等精神传统,在继承、阐释中变化演进,一代有一代之胜,表现出综合创新的特色。

不过,在中国古代思想史上,并没有思想家、思想者、哲学家之类的称呼和概念,只有圣人、贤人、哲人、智者、诸子、大师等等。这些词汇恰恰概括出中国古代思想家的特征:他们的社会身份往往是教师或学者,他们的思想往往追求道德与智慧。当然,从更广泛的范围看,中国古代的政治、军事、经济、法律、工艺、科技、文学、艺术、宗教等诸多文明领域内皆有贡献巨大、自成一家或集大成的杰出人物,他们的言论、著作或被后人总结出来的经验构成了中国古代思想的重要内容。早在孔子之前,中国人就以"三不朽"作为追求超越的途径,即"立功"、"立德"、"立言",也就是说,为人类社会立下的大功、个人道德修养的成就和思想、智慧、学说等都是不朽的历史遗泽。从这个意义上讲,中国思想家的内涵大大地超出了我们现代人习惯认为的职业思想家、哲学家或宗教先知,我们在撰写《中国思想家评传》简明读本时,也本着这样的标准选择传主。

众所周知,由南京大学已故名誉校长匡亚明教授主编、南京大学出版社出版的《中国思想家评传丛书》是中国20世纪以来最为宏大的中国思想家研究工程。在这套简明读本系列编撰和出版之际,首先要对这200部《评传丛书》工作表达深深的敬意。站在这位巨人的肩上,简明读本不仅具有深厚的学术基础,而且一定会呈现出新的风貌。这种新的风貌就是深入浅出和引人入胜:精炼的选择,简明的评述,生动的故事与智慧……在倡导中国文化"走出去"和多元文化共存的今天,本读本通过介绍古代中国的思想家,向每一位愿意了解中国思想的读者提出一个又一个我们和古人共同面临的问题,引导大家与中国古代思想家展开心灵的对话。

编委会
2008年9月

目 录

一、家族宠儿　天才少年 / 1

二、问学康门　公车上书 / 15

三、戊戌变法　武装勤王 / 29

四、政府要员　共和卫士 / 48

五、外交谋士　中国灵魂 / 61

六、新民强国　情寄文学 / 76

七、红颜知己　情感港湾 / 95

八、育子有方　满门俊秀 / 113

九、教育救国　学术研究 / 132

延伸阅读书目 / 152

一、家族宠儿 天才少年

在奔腾不息的历史长河中,有很多日子值得长久记忆。公元1873年2月23日,[①]随着一声清脆的啼哭,历史老人为中国送来了一个伟大的生命,他就是后来的旷世奇才梁启超。梁启超(1873—1929),广东新会县茶坑村人氏,字卓如,号任公,是中国近代史上伟大的政论家、思想家、教育家、外交家、文学家和学者。启超一生忠于国家、勤奋不已、笔耕不辍,曾以"中国之新民"、"少年中国之少年"、"饮冰室主人"等诸多笔名发表论著1400多万字,其著述被后人广泛辑录、传播,最有名者为《饮冰室

---

① 本书涉及的时间,民国元年(1912)之前用阴历,元年以后用阳历。民国元年以前的重要时间以阿拉伯数字给出的表示阳历。

合集》。启超著述之宏富、学识之渊博、爱国之赤诚,实为古今中外所罕见。要了解这一旷世奇才,还得从其家世和童年说起。

梁氏先辈迁居新会后十代务农,自启超祖父梁延后始,梁家才过上了半耕半读的下层乡绅生活。梁延后(1815—1892),秀才出身,曾担任过管理一县教育事业的芝麻官,主要以执教乡里为业。由于梁延后仕途不顺,因此寄希望于儿子梁宝瑛。梁宝瑛(1849—1916)尽管自幼刻苦攻读,然而最终连秀才也没能考上,于是只得仿效其父以教书为业,并耕种数亩田地以维持生计。梁延后、梁宝瑛为人正直,热心公益事业,常协调解决茶坑村的公共事务及邻里纠纷,因此在村里很受尊重。启超诞生后,祖父和父亲非常高兴,希望他日后能出人头地。因此,启超自幼接受了良好的人格教育和知识教育。

人格教育方面,祖父及父母对其影响颇深。祖父有孙子辈8人,而他最疼爱启超。启超四五岁时白天跟随祖父或母亲学习《四书》和《诗经》,晚上与祖父一起睡觉。祖父常常给他讲述古代英雄豪杰和知识分子的嘉言懿行,尤其喜欢讲述宋代和明代那些可歌可泣的英雄事

一、家族宠儿 天才少年

梁启超 1900 年摄于澳大利亚

迹。启超对此极有兴趣,因此祖孙二人亲密无间。祖父对启超的人格教导,除间接的历史讲述外还注重直接的户外教育。启超家乡有一座庙宇,里面收藏有48幅珍贵的图画,即中国历史上的二十四忠臣和二十四孝子图。这48幅图画不是随时都可以参观的,只是每年元宵节才挂出来供人们参观和瞻仰。因此每逢元宵节,祖父总会带领孙子们参观庙里的图画,并不时指点说:"这是朱寿昌弃官寻母图,这是岳飞出师北伐图……"祖父带领孙辈参观并为他们讲解忠孝图,就是为了使他们继承中华民族的传统美德——忠与孝。除参观忠孝图外,祖父每年都要带领孙辈祭扫祖坟。启超的高祖葬于离茶坑村不太远的崖山之上,从茶坑村到崖山需要坐船沿潭江下行七八里才能到达出海口。出海口中有一巨石,此石高出海面数丈,上面刻有"张宏范灭宋于此"八个大字。原来崖山及山下的海面是南宋军队与元军的决战之地。公元1297年,元军将领张宏范率领战船追击宋军,宋军将领张世杰用绳索将千余条战船相连,率军与张宏范大战于崖山海面。战场上爱国将领陆秀夫见回大无力,于是先将爱妻推入大海,再背着8岁的皇帝赵昺跳海殉国。崖山

一、家族宠儿 天才少年

决战后,南宋灭亡。

崖山古战场

启超的祖父每年带领他们经过崖山古战场,看到那块镌刻着汉民族耻辱的巨石时就会情绪激动地为启超等孙辈讲述南宋灭亡于此的悲壮故事。每年祭扫完祖坟后,祖父会带领孙辈瞻仰崖山之上的"三忠祠"。"三忠祠"是后人为了纪念南宋爱国将领文天祥、张世杰、陆秀夫三人的英雄壮举而修建的。在瞻仰"三忠祠"时祖父往往会为启超他们高声吟颂清初诗人陈独麓(1631—1700)

的《山木萧萧》诗。此诗是陈氏赴崖山拜谒"三忠祠"时写的。全诗如下：

> 山木萧萧风更吹，两崖波浪至今悲。
> 一声望帝啼荒殿，十载愁人拜古祠。
> 海水有门分上下，关山无地限华夷。
> 停舟我亦艰难日，畏向苍苔读旧碑。

此诗既饱含着对崖山战役中爱国将士的崇敬之情，也隐晦地表达着对清初民族歧视政策的屈辱感和悲愤感。祖父每次吟诵到"海水有门分上下，关山无地限华夷"这两句时，便提高嗓门，发出悲壮声调并且老泪纵横。祖父声情并茂的朗诵使启超辈幼小的心灵中感受着爱国精神的强烈洗礼。祖父的人格教育，深深渗透到梁启超日后的生命历程之中。

启超幼年的人格教育除来自祖父外，还得力于父母。由于父亲没有功名，所以望子成龙，因而对启超要求甚高。父亲悉心传授启超启蒙知识，培育其学业根基。除引导和监督启超完成功课外，还要求他参加劳动，培养其

一、家族宠儿　天才少年

吃苦精神。在梁启超幼年的成长中,只要言语举止稍有不得体处,父亲就高声责骂说:"汝自视乃如常儿乎?"此语寄托了父亲对启超的无限厚望,成为督促启超终生奋斗不息的精神源泉。除培养启超的学习、劳动外,父亲还以其实际行动为儿辈垂范立身之道,即"以善修身"和"救济他人"。父亲的严格要求以及身体力行,对启超此后的成长影响巨大。

与严父相比,母亲赵氏则展示了女性特有的魅力。赵氏(1852—1887),出生于书香门第,是一位很有修养的知识女性。因此母亲的教导和言行,也是影响启超立身行事的重要因素。启超弟弟梁启勋在《高祖以下之家谱》中记载母亲赵氏的美德说:"先慈赵太夫人以贤孝名,最为先祖父所钟爱。乡中诸姑姊妹多就吾家从先慈识字及习女工。数十年前,儿女婚姻悉凭媒约。人但闻此女尝从先慈习女工,则不待访问而信其德性必佳矣。至今邑中尚传为美谈。"母亲赵氏以贤孝闻名乡里,并且有文化、有专门的女工技艺,因此成为村里女性学习的榜样。不仅如此,凡跟随她学习过的女性都会得到村里男子的认可,由此可见赵氏在村里的模范地位。这样一位优秀的母亲是怎样教育孩子的呢？我们从启超的回忆中可见一斑。

成年后启超回忆说，当他还是小孩的时候，周围没有学校，是母亲教他开始识字的。由于启超聪明乖巧，所以深得母亲宠爱，很少受到责骂，更不用说挨打了。不过，母亲的宠爱是有原则的，她宠爱子女但决不溺爱子女，比如说谎话就会遭到严厉的惩罚和教育。启超六岁那年不知因何事而说了一句谎话，被母亲发觉后将其叫到卧室严加盘问。平时温柔善良、终日含笑的母亲，忽然变得怒不可遏，把幼小的启超吓坏了，他说他当时差点不认为这是他的母亲了。母亲命令启超跪在地上接受拷问，拷问结束后还将其翻覆于膝盖上，用力鞭打十余次，这是深受宠爱的启超始料未及的。母亲的教训中有几句话令启超终生难忘。母亲说："你如果再说谎，你将来必将成为盗贼，成为乞丐。""人为什么说谎？或是因为有不该做的事而做了，怕别人指责不应做而做，于是撒谎说没有做；或是有必须要做的事而没有做，害怕别人指责应该做而没做，于是撒谎说已经做了。不应做而做、应做而不做，本来就是罪过了。……人如果明知自己错了而再犯错误，

一、家族宠儿　天才少年

以此欺骗别人而自以为得计,这与盗贼有何区别?天下万恶,都缘于此。但是欺骗别人的人最终会被人识破,将来人人都指着他说这就是好撒谎的人。这样的人就不会有人再信任他了。既然得不到别人的信任了,则必然成为乞丐一样的人。"母亲当年的这番教训,使梁启超铭记于心,并将其视作"千古名言",可见母教对启超影响之深。

良好的人格教育利于养成启超开阔的胸襟和严于律己的思想,而祖父、父亲及母亲的文化修养,更利于启超的文化启蒙。为使启超能从书海中求取功名、振兴家门,梁家上下除对启超进行良好的人格教育外,还特别重视对其进行文化知识的启蒙教育。

启超四五岁时就跟随祖父和母亲诵读《四书》和《诗经》。六岁时跟随父亲学习《中国史略》,并完成《五经》的学习。同岁拜表兄张乙星为师,开始接受家庭以外的教育。八岁时跟随父亲学习文章写作,九岁便能写出千言长文。十岁拜周惺吾为师,再次接受家庭以外的教育。可见,启超自小就获得了良好的文化教育,所学内容主要是针对日后的科举考试的。因为在传统的中国社会里,老百姓只有通过读书才有可能做官,并以此光宗耀祖。因此出生于偏远地区的梁启超也重复着前人的路径。

清代科举考试包括童试、乡试、会试、殿试几个级别。通过童试者称为秀才,通过乡试者称为举人,通过会试者称为贡士,通过殿试者称为进士。不同的级别可以获得相应的社会地位或官衔,因此一般人要想进入上层社会,就只能以科举考试作为途径。最低级别的童试又称小考,包括县试、府试、院试三个阶段,其中院试由各省主管教育的学政主持,只有通过院试者,才能获得秀才身份。

由于梁启超自小接受了良好的教育并且聪慧过人,因此1882年十岁(虚岁,以下涉及岁数均为虚岁)的梁启超满怀信心地参加了第一次童试,并以第一名的成绩顺利通过县试和府试。虽然此次没能最终通过院试,但是年仅十岁的梁启超身上展示出来的才气已令梁家兴奋不已。在本次前往广州赶考的路途中,发生的一件事也使他博得了神童的美誉。从新会到广州的内河没有通轮船,所以他们共同出钱买了一条小船。由于船速缓慢需要三天才能到达,因此一路上大家吟咏诗词、谈论古今,踌躇满志。一天午饭时,有人指着盘中咸鱼命启超作诗,

一、家族宠儿　天才少年

启超应声吟诵道："太公垂钓后,胶鬲举盐初。"启超以周代姜太公钓鱼以及商周之际胶鬲贩盐的故事,巧妙解释了咸鱼的由来。满船人为其反应之快及其诗句之贴切而震惊,自此之后"神童"之美誉便在茶坑村传播开来。此次广州之行开阔了启超眼界,激发了他学习的热情。因此返乡之后继续跟随父亲以及私塾先生周惺吾刻苦攻读。1884年12岁的梁启超再次前往广州参加院试,并以名列前茅的成绩成为秀才。这样,启超以12岁的年龄就实现了父亲一辈子也未实现的梦想,并且达到了祖父一生的最高功名。考试的成功不仅令梁家兴奋不已,更使神童的美誉传遍了茶坑村的每一个角落。启超不仅智力超群而且还有过人的交往能力。此次院试的主考官是广东省学政三品大员叶大焯先生,此人爱惜人才,热心提携后进。当梁启超以优异的成绩结束考试后,叶氏单独召见成绩优秀者测试他们的才能。轮到梁启超时,他应对自然、有条不紊,显示了良好的学业功底。叶氏顿生好感,对启超的家庭教育深为敬佩。测试结束后,其他秀才都走了,唯独启超留下并长跪于地,他想干什么呢？原来是想请求叶氏为其祖父撰写生日贺言。启超说："我祖父今年七十岁了,生日在冬月①二十一日,我希望能求得先生一言为之庆寿。如果能得先生贺言必使祖父长寿,也算是启超替父亲和叔叔尽点孝道,此外还可以作为我们家族交游的荣耀。"叶氏即刻被这一乳臭未干的童子秀才的聪明伶俐所震惊,痛快地答应了启超的请求,泼墨挥毫、洋洋洒洒地写成了一千余言的《镜泉梁老先生庆寿序》。此《序》主要内容有三:其一,列举了中国古代不少神童的事迹,希望启超向他们学习以完成学术大业;其二,借助对启超家乡风水尤其是对修建于明代的凌云塔的赞颂,祝福塔下的梁氏家族兴旺发达;其三,极力赞赏梁氏家族的家教与家风,勉励启超奋发上进并预言其前途无量。当启超以"童子秀才"的身份回到家乡将考官的贺词赠给祖父并悬挂于客厅时,梁家顿时喜气洋洋、四壁生辉。远亲近邻闻讯而来,赞叹不已。启超第一次感受到了成功的巨大喜悦。此后,家族上下对启超寄予了更高的期望,而启超本人也更加热切地投身于书海之中,以期获得更高的功名。

---

① 冬月,即农历十一月。

一、家族宠儿 天才少年

1885年,启超以秀才身份进入广东最高学府之一的学海堂读书。与学海堂并列的书院还有菊坡精舍、粤秀书院、粤华书院和广雅书院,合称广东五大书院。学海堂求学期间,启超精力充沛、求知欲旺盛,因此他不仅学习本校课程,还常常以外校生身份前往菊坡、粤秀、粤华等书院学习。此间,启超不仅以书院内的教师为师,还拜广州城里学有专长的名宿为师。广州求学使启超收获颇丰,他不仅研习了科举考试的科目,还接触到了各家各派的学说,开阔了学术视野。此外,他还特别注意专门学问的研究,比如对于训诂和词章之学就曾用力颇多。广州求学期间博而专的学术积累奠定了启超日后从事于学术研究的良好基础。由于勤奋好学,因此学海堂每次月考启超均能以优异的成绩获得奖学金,并将这些奖学金用于知识投资,先后买下了《皇清经解》《四库提要》《四史》《二十二子》《百子全书》《粤雅堂丛书》《知不足斋丛书》等书籍。梁启超省城的求学经历一直延续到1889年。

1889年,梁启超再次迎来了人生中成功的喜悦。本年他参加了广东省的乡试,并以全省第八的好成绩获得举人身份,此时他才17岁!由于启超才华横溢,因此喜事接连发生。当他被录取为举人后,主考官李端棻和副考官王可庄都为这一翩翩少年的才华所吸引,前者暗自决定要把堂妹许配于他,而后者也想将女儿许配于他。由于李端棻先对王可庄说出自己的想法并请求王氏当媒人,因此王氏只得打消自己的念头而替李说媒。当王可庄把李氏许婚的消息告知启超后,启超做梦也没想到如此美事竟会从天而降。若能以贫寒之身迎娶大家闺秀那是多么荣耀的事啊,启超既惊喜又惶恐,他小心翼翼地对王氏说婚姻大事还得告知父亲才行。当父亲闻此喜讯后,比启超更为激动,他为儿子小小年纪就能出人头地而感到无比自豪,爽快地答应了这门婚事。事业、爱情的双丰收使启超再次感受到了成功的喜悦,梁氏家族充满了荣耀感。茶坑村、新会县再次因启超的成功而沸腾。自宋代以来,中国读书人用以自励的格言——"书中自有千钟粟,书中自有黄金屋,书中自有颜如玉",此刻对启超而言,是多么实在、多么亲切啊!美好前程似乎就此展开。

二、问学康门　公车上书

品尝到成功滋味的少年举人梁启超继续刻苦攻读,希望求取更高的功名。1890年春天启超赴京城参加会试,不过此次会试以失败告终。失败而归的梁启超只得回到学海堂继续攻读。回校后他的好友、学海堂的高才生陈千秋给他介绍了一位高人——康有为,希望启超向他拜师问学。

康有为

康有为(1858—1927),广东南海人,出身书香门第,自幼饱读诗书,接受了良好的儒家教育。康氏聪慧过人且关心国家大事,常以圣人自居,因此人称"圣人为"。康氏19岁时师从广东名儒朱次琦研习经学,探究经世致用之道。两年后回家乡附近的西樵山白云洞专心研读佛家、道家经典,希望找到救国良方。西樵山上的康有为有时披头散发大声吟诵诗文,有时睡卧山泉之边,有时彻夜独坐,思索救国济民之方。伟大思想家的行为是常人难以理解的,因此有人说他是西樵山上的疯子。1879年22岁的康有为因反对社会世俗而拒绝参加科举考试,这在当时绝对是极为罕见的事情。同年康氏游历香港。香港的繁荣发达使其大开眼界、惊叹不已,从而对西方文化和学说顿生好感。1882年康氏游历上海,进一步开阔眼界。上海之行使他更加向往西学,因此购买了一大批西方书籍进行学习研究。随着眼界和知识视野的不断开阔,康氏救国济民的雄心更加坚定,因此便有了1888年以普通百姓身份上书皇帝请求变法的惊人之举。此次上书虽因大臣扣压使皇帝未曾得见,但康有为却因此名扬京城。为能救国,康有为决定收徒讲学、培养人才。因此,1890年康氏来到广东省城,在其曾祖康式鹏留下来的"云衢书屋"收徒授学,陈千秋就是最早的入室弟子。

二、问学康门 公车上书

陈千秋栩栩如生的介绍深深地打动了梁启超,他急切希望拜访这位高人。康有为比启超大15岁,此时只是个秀才,而启超已是举人之身并且对于时人所推崇的训诂词章之学已颇有研究,因此拜访康有为时启超不免自鸣得意。然而见面后的交谈使启超对康氏佩服得五体投地。他在《三十自述》中回忆当时的情形说:"那天陈千秋带我去拜访康有为,康氏声音洪亮,如大海潮声、如狮子吼叫。他对中国数百年来无用的旧学一一驳斥诘难,康氏敏捷的思维、渊博的知识、新颖的学术观点不仅给我以精神解放、茅塞顿开之惊喜,也给我以冷水浇背、当头棒喝之打击。因此我之前的优越感顿时消失得无影无踪,惶惶然不知所措。真是惊喜相交、爱怨相随啊。"康、梁初次接触非常成功,交谈竟长达一天。康氏的论辩给梁启超以巨大的震撼力,觉得此前所学毫无用处,回校后彻夜难眠。此次会面后启超决定拜康氏为师而退出学海堂。

因康有为讲学的"云衢书屋"面积太小,陈千秋、梁启超问学康门后,建议更换教室。于是1891年春康有为将讲堂迁至长兴里的"邱氏书屋",人称"长兴学社"。前来求学的人越来越多,学社于1893年再次迁移,迁往府学宫之养高祠。此地环境优雅、古树参天,因而学社更名为"万木草堂"。"万木草堂"之名以培植树木为喻,希望培育出成千上万的国家栋梁。万木草堂成立后康门高足梁启超、陈千秋等担任学长,成为众弟子首领。万木草堂以《长兴学记》为规范,制定了详细的培育计划。文化教育上,要求贯通古今、融会中西。就西学而言,要求研习西方哲学、社会学、各国历史、外国语言文字以及自然科学等;就中学而言,基本的入门教育就包括《春秋公羊传》《春秋繁露》《资治通鉴》《二十四史》《宋元学案》《明儒学案》《文献通考》等。草堂教育除重视文化熏陶外还重视音乐、体育、户外教育等。总之,万木草堂重视学生德、智、体、美、劳全面发展,目标是将他们塑造成具有坚强人格、关心国家大事、立志救国救民的栋梁。

为能达此目的,康氏讲学时常常借题发挥、极力阐释儒家经典的"微言大义",试图通过对儒家经典的重新阐释以建构其变革国家的理论体系。儒家典籍丰富,是中国历代统治者治理国家的精神资源,其中"六经"对后世影响最大。相传"六经"——《诗》《书》《礼》《乐》《易》《春秋》——是孔子编定的教科书。秦始皇"焚书坑儒"时,这

二、问学康门 公车上书

些典籍遭到浩劫。汉朝建立后,或搜集民间儒家典籍、或依赖于老儒生的记忆,重新编写儒家经典。由于汉代编写经书时使用的是当时流行的文字,因而史称"今文经"。与"今文经"相应,西汉时期还出现了所谓的"古文经"。古文经是鲁恭王刘余、北平侯张苍、河间献王刘德等人从孔子故宅的夹壁中以及从民间发现的一批经书。由于这些经书是由籀文、蝌蚪文等古文字写成的,故称"古文经"。"今文经"与"古文经"不仅文字相异,而且内容、篇幅也有差别,因此西汉时期经学分为今文经学和古文经学,两派争斗激烈。自汉武帝时期至西汉末年,今文经学占据了官学正统地位。西汉末年著名学者刘歆大力鼓吹古文经学,与今文经学展开激烈争辩。其后因刘歆帮助王莽建立新朝有功致使古文经学的地位急剧上升并成为了后世学者尊崇的对象。直到清末今文经学才重新抬头,而康有为就是其集大成者。康有为大力发挥今文经学"以经议政"的特点,撰写多部论著提出一整套变革封建专制制度、实现民主政治的学说。康氏著作中,《新学伪经考》、《孔子改制考》和《大同书》包含了他变革社会、改造国家的主要思想。

《新学伪经考》着力论证了如下几个问题:一、西汉发现古文经之事是刘歆虚构的,实际上并无其事。二、秦始皇焚书只烧掉了民间的经书,而博士官管理的各种经书得到了保存,因此汉代十四博士所研究的"六经"是孔门真经。三、孔子著述时使用的是篆书,而篆书在秦汉时是通用文字,其字体在过去并未发生重大变化,因此无所谓古文、今文的区别。四、刘歆利用其校订宫藏书目的机会而窜改经书,所有古文经都是由刘氏窜改的。五、刘歆窜改经书是为王莽夺取汉代政权提供理论依据。通过上述论证,康有为将古文经学贬称为"新学",将古文经贬斥为"伪经"。由此康有为大胆得出结论:汉代以来的古文经学都是"新学",都是"伪经";清代的古文经学家不辨真伪,他们所信奉的"汉学"并非汉代之学,只能称作"新莽之学"。由此康氏指出两千多年来中国传承的所谓儒家经典并非孔子真经,由此导致社会混乱、人心大坏、国家遭受各种大难,因而必须予以廓清。康有为的大胆论断使《新学伪经考》在思想界产生巨大冲击,为康氏变法维新营造了舆论准备。

《孔子改制考》是为恢复孔子的"微言大义"而作的。

二、问学康门 公车上书

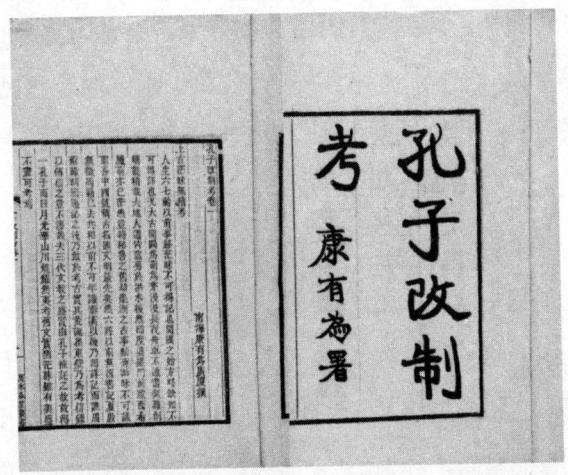

《孔子改制考》书影

康有为指出孔子以前的社会无法稽考,于是诸子百家纷纷建立教义、构建理想的社会制度,并设法附会古代社会的面孔,以此增强自己理论的合理性。孔子创立的儒教正是采用了这一办法——孔子提出尧、舜、禹、汤、文、武的政教礼法,又亲自编纂六经,作为托古改制的依据。康氏指出实际上历史上是否有尧、舜等圣人不得而知,因此他们的思想都是孔子想象出来的。《孔子改制考》的论证可以说比《新学伪经考》更为激进,因为在传统文化里孔子是厚古薄今的守旧者形象,而在康有为的论说中却成了托古改制、变革社会的伟大改革家。康有为重新树立孔子形象,把他作为托古改制的先驱,并且把近代民主、平等、选举、议院等资产阶级变革社会的学说附会于孔子身上,以此进一步为自己将要追求的变法维新建立历史依据。康有为在孔子身上做文章是一种高明的策略,因为孔子是中国人顶礼膜拜的偶像,只有在这样的大人物身上做文章,才有可能动摇人们守旧的思想。《新学伪经考》和《孔子改制考》两部著作对中国儒家经典和权威人物进行的重新阐释,其意义远远超出学术本身,它们的诞生预示着中国社会变革即将开始。

如果说上述著作是康氏为变革社会营造理论依据的话,那么《大同书》则展示了他对未来社会美好蓝图的构想。《大同书》借鉴了公羊学家所谓的"三世说"①,结合《礼记·礼运》篇所表达的"大同之世"和"小康之世",同时吸收了佛教和基督教学说以及西方天赋人权说和空想社会主义学说,构想出一个美妙的大同世界。大同世界的景象是:无私有财产;无家庭;无国家;天下为公、一切

---

① "三世说",即公羊学家把《春秋》所记历史划分为三个不同阶段。

平等;妇女解放、人人劳动;一日劳动时间仅三四小时甚至一二小时,此外皆读书、游乐;人们的居处、舟车、饮食、衣服等都极美好。《大同书》所描绘的世界和马克思所想象的共产主义社会一样美好,由此可见康有为思想的博大精深。

《新学伪经考》《孔子改制考》《大同书》这些闪烁着无限智慧的经典作品完成于康有为收徒讲学期间,可以想象康有为充满活力的思想将会何等地深深打动门下学子,使他们的心智得到滋养。梁启超作为康门高足,不仅参与了《新学伪经考》的校勘、《孔子改制考》的编写,而且亲自窥见了《大同书》的精彩内容。后来他在回忆中谈到当时的激动心情,并称一生学问得力于此,由此可见康氏对学生影响之深。

康有为将未来社会的走向及拯救国家的宏伟志向融入到万木草堂的教学之中,教学效果极好。康氏每次授课两三小时,讲者不倦,听者不困。教学中师生常常从学术延伸至政治,他们纵论古今、抨击时弊、探讨国家大事,人人有兼济天下之志。正因如此,当草堂学生假期返乡与亲朋好友谈及所学内容及救国理想时,顽固分子们不仅震惊而且憎恨,将他们称作"康党",而草堂学生却以此为荣。万木草堂的教学方式及其培育目标在当时的中国教育界特立独行、名震四方。草堂虽被当时顽固守旧分子视为异端,但以历史的眼光来看,它无疑值得后来者反思和借鉴,值得我们大书特书,因为包括梁启超在内的一大批优秀知识分子就出自于此。

问学康门改变了梁启超以追求一生之荣华富贵和以光宗耀祖为目的的传统思想,塑造了他救国救民、经营天下的宏伟志向。从此,他走上了以国家前途和民族命运为己任的艰辛的探索之路。

1892年除夕之夜,在这万家团聚的夜晚梁启超不是与家人分享快乐而是潜心思考国家的前途,当晚他写信给好友汪康年阐释铁路兴国的方略。信中指出挽救中国的当务之急是兴修铁路。梁启超分析说中国士人孤陋寡闻、抱残守缺,数百年如生活于黑屋之中,对世界大势一无所知,由此形成了阻挠新学术和排斥新锐人才的坏习气。如果兴建铁路,就能使国人接触到国门以外的大量的新鲜事物、促进经济繁荣、创造巨大财富,从而走上兴国之道。梁氏为何要致信汪康年?原来汪康年是朝廷重

二、问学康门 公车上书

臣张之洞的幕僚,二人关系密切,所以梁氏希望汪康年说服张之洞兴建铁路。梁启超不仅提出铁路救国的观点,还指出具体办法,即修建一条贯通中国南北的主干道,然后再联通各省,不断延伸支线,预期十年之内形成全国铁路网络。此时的梁启超只有20岁,但他对国家出路的思索已经显示出一种高屋建瓴的大气魄。

1894年春,梁启超进京准备来年的会试。这一年中日战争爆发。战争中清政府软弱无能、屡战屡败。然而京城里的慈禧太后仍然点缀太平、大肆挥霍,预备其60寿庆。此情此景使启超无比悲愤,这种悲愤之情在此间的诗词作品和书信中多有表达。国家的危难使启超将主要精力从备考转向广交志士、联络人才,希望以此打开拯救国家的局面。然而没有一定的地位和身份很难实现救国理想,因此1895年春梁启超跟随康有为进京参加会试,他们希望能通过科举考试进入国家的权威部门,从而实现救国的抱负。自本次走出万木草堂后,梁启超结束了他的学生生活,从此进入到变革中国社会的风雨历程之中。本次会试康有为中进士第八名而启超落榜。关于落榜原因主要有两种说法:一是认为主考官憎恨康有为,因此命令凡广东试卷中类似康氏言论风格的一律不录,因此启超试卷被误判为康氏试卷,从而落榜;二是认为考官中有人非常欣赏启超试卷,但因名额已满而只能割爱。并在卷末留下批语说:"还君明珠双泪垂,恨不相逢未嫁时。"为此,启超极为感动。当然这些都是后人的猜测,事实情况很难知晓。不过因中日战争而导致启超分心显然是主要原因之一,他在给夏曾佑的信中说此次进京的主要目的是广交朋友,结识天下豪杰。不难看出,中国在甲午战争中的惨败成为了梁启超等举子最为关心的事情。

1895年,节节败退的清政府急派户部左侍郎张荫桓及前巡抚邵友濂前往日本求和,但日本人认为二人官位级别不够,要求派遣全权大臣。清政府只得派李鸿章前往日本,并被迫签订了《马关条约》。该条约主要内容有:承认朝鲜独立(实际上是撤消中国对朝鲜的宗主国地位而承认日本对朝鲜的控制);割让中国辽东半岛、台湾全岛及澎湖列岛于日本;赔偿日本军费二万万两白银;增开沙市、重庆、苏州、杭州四个通商口岸;允许日本商人在中国通商口岸设立工厂等。《马关条约》是近代中国与外国签订的最为严重的丧权辱国的条约之一,是落后的中国

二、问学康门 公车上书

遭遇的又一次奇耻大辱。据康有为《康南海自编年谱》记载,光绪二十一年(1895年)三月二十一日条约内容传至北京后,他很快知晓这一消息,于是令梁启超鼓动在京应试的各省举人,尤其是首先鼓动广东举人上书朝廷拒绝和议内容。在梁氏的鼓动下,广东举人一呼百应,湖南举人紧随其后。三月二十八日广东、湖南两省同时上奏,其中广东举子80余人,而湖南举子全省上奏。康、梁又分头鼓动其他各省举子,他们无不响应并以各省联名的方式不断向都察院传递奏章,致使都察院门前衣冠塞途、水泄不通。在此背景下康有为认为士气高昂、可资利用,于是号召18省举人1200余人集会于松筠庵商议救国之策。大家决定联名上书皇帝请求拒和、迁都、变法。康有为用一天两夜的时间写成了包括上述内容的万言书,并令梁启超、麦孟华抄写分发。万言书字字血泪、言之成理,迅速传遍京师。在万言书的感召下,爱国举人们在都察院前排成长达数里的队伍声援康、梁。然而当举人们于四月八日向都察院投递奏折时,都察院官员告知他们政府已经盖章批准了《马关条约》,局势无法挽回,因而拒绝将万言书转交皇帝。此次以康、梁为首鼓动18省举人联名上书的壮举史称"公车上书"。关于"公车"之称谓，据说在汉代指官府名称，后代用以指代进京应试或进京上书言事的举人。

鼓动公车上书的情形及其盛况，梁启超在《戊戌政变记》中有相关记载并给予了合理评价。他认为公车上书是清代两百年来前所未有的壮举，它使各省举人们返回家乡后渐渐知晓了国家和世界大势，成为了各省打破蒙昧传统的起点，点燃了中国变法图强的星星之火。梁氏的评价是公允而深邃的，不过公车上书对他本人和国家所产生的深远影响却是其始料未及的。就梁氏而言，公车上书使他迅速成为全国知名人物，并因此而登上中国的政治舞台。此后20年左右的时间里，梁启超成为了能够影响中国政治走向的伟大人物之一。他的智慧和魄力名扬四海，他的个人命运与中华民族的群体命运密切相关，时势造就了这位旷世豪杰，而其事业的起点正是公车上书。就国家而言，公车上书开启了书生救国的新篇章。进入20世纪以后，关心国家命运的读书人成为了救国救民的先锋力量。

三、戊戌变法　武装勤王

日本从甲午战争中掠夺的巨大利益,刺激了西方强国的侵华野心,他们寻找各种借口向中国施加军事或政治压力,并以此掀起瓜分中国的狂潮:1897年德国强行占领胶州湾,1898年俄国强行租借大连、旅顺……接踵而来的耻辱深深地刺痛着中国人的神经。就民间力量而言,广大民众群情激愤希望政府革新政治、洗雪国耻;就官方力量而言,以光绪帝为代表的革新派决心变法图强、振兴国家。特殊的时代背景为"公车上书"的领导人康有为和梁启超继续探索救国之路,造就了有利形势。

康、梁通过各种途径结交思想开明的政府官员及社会名流,并在他们的支持下创建学会、兴办刊物、创办新式学校,试图以此培养革新人才,开创变法图强的新局面。在这些活动中康有为扮演着策划者角色,梁启超是他最重要的助手和实际执行者。自1895年公车上书至1898年初,梁启超全身心地投入到了当时的维新事业中去:1895年在北京参与创办《万国公报》并担任主笔[①];同年参与创建北京强学会;1896年参与创办《时务报》并担任主笔,同年参与筹办《知新报》;1897年秋赴湖南参与创办时务学堂并担任中文总教习,同年冬参与策划湖南学会;1898年初参与创办《湘报》并担任董事和撰述……在康、梁等人的策动下,在部分进步官员及社会名流的支持下维新事业不断向前推进,全国的学会和报刊迅速涌现。比如影响较大的学会就有粤学会、湘学会、桂学会、经学会、知耻学会等;影响较大的报刊有《国闻报》《湘学报》《蜀学报》等。时至光绪二十四年(1898年)中国的维新事业迎来了新的高潮。

维新事业中,梁氏因天资卓绝、办事效率高而长期超负荷工作。1898年春,正当湖南维新事业蓬勃发展之际,

---

① 此报是维新派的第一份刊物,为便于推销,报名沿用了英美传教士在上海创办的《万国公报》之名。此后又易名《中外公报》和《中外纪闻》。

三、戊戌变法 武装勤王

梁氏因积劳成疾而几乎丧命,因此不得已返回上海就医。在返回上海的轮船中他仍与同志慷慨纵论救国大事。他说:"国人不能舍身救国主要因为身、家之累。我们从今相约,非破家不能救国,非杀身不能成仁,目的以救国为第一义。我们不能以成败论是非,而是要尽力去做,哪怕是同志杀尽只剩一人,也要将此进行到底,决不放弃。"同船人无不为之感动并深受鼓舞。由于此时康有为在北京的维新事业急需梁启超的支持,因此到达上海后大病未愈的梁启超就在康有为弟弟康广仁的陪护下来到北京,支援康有为。

梁启超抵京之际,正直俄国强行索取旅顺和大连湾,康有为为此积极奔走,反对俄国的无理要求。因此启超到京后迅速参与到康有为的救国事业之中。他与麦孟华迅速策动进京参加会试的各省举人,联名上书都察院,力陈旅顺、大连不可割,请求拒俄而变法。根据当时中国的衰弱现实,他们提出两条出路:一是联合英国、日本以遏制俄国;二是寻求国际公法的保护并与俄断交,然后发奋图强使国家自立。三月六日,当他们来到都察院时,都察院竟无人值班,因此请愿书无法上传。原来正当这群热血青年为国呼号之际,慈禧太后已经压制光绪帝而答应了俄国的要求。同月当梁启超等爱国青年得知德国人闯入山东即墨县文庙挖去孔子像双眼、践踏中国孔教时,他们愤激上书都察院,指出此举是对中国人最大的侮辱。要求政府向德国提出严正交涉、严惩肇事者并勒令赔偿。在关注外辱的同时梁启超等爱国青年也在深刻反思中国积弱的根源,指出科举考试是其祸根之一。因此,四月初梁启超策动百余名举人联名上书,呈递《请变通科举折》,他们痛彻指出科举考试很难选拔到真才实学之人,要求政府变革科举制度,废除八股考试。由于科举考试仍然是当时读书人飞黄腾达的必经之路,因此那些视八股为性命的举人们非常痛恨梁启超,四处散布谣言诋毁其人,并以殴打相威胁,然而启超敢做敢当,不为所动。他在冒险上书的同时,全力支持康有为策划的保国会事业。

1898年的阴历三月康有为与部分在京官员和社会名流发起组织保国会,撰写了感人至深的《保国会序》并制定了保国会章程30条。保国会以保国、保种、保教为宗旨,预期在北京和上海设立总会,在各省、县设立分会。北京保国会成立后召开了几次大会。梁启超为每次大会

三、戊戌变法 武装勤王

的召开忙里忙外,除联络同志、登记姓名、主持会务等常规工作外,还承担着重要的演讲任务。比如在松筠草堂召开的第二次大会上,启超就曾登台演讲。他充满激情地说:"大家目睹胶州、旅顺、大连相继被强占,开始担忧国家被瓜分、害怕自己沦为奴隶。这说明中国的士大夫已经有进步。不过,这只是口头叹息而缺乏拯救国家的具体办法。有人推托说国家的灾难是天意,这是非常危险的。因此中国之亡,不亡于贫、不亡于弱、不亡于外患、不亡于内讧,而亡于士大夫的议论和心力。"启超指出天下事没有可为与不可为的定论,对于国事,人人知其不可为而不为则是真正的不可为;人人知其不可为而为之则有希望。他希望全体国民知晓国家处于危亡之势,要求人尽其力使国家转向不亡之途。此次演讲获得了与会者经久不息的掌声。

由于保国会的每一次活动都会在京城引起巨大反响,他们的正义活动得到了光绪帝的肯定,因此保国会的影响除在京城持续高涨外,还促成了地方会议的陆续出现,掀起了救亡图存的巨大浪潮。

面对日益严峻的国情以及以康、梁为中心而培育起来的高昂的民情,光绪帝顺应历史潮流,于光绪二十四年四月二十三日(即1898年6月11日)颁布诏书,宣布变法。自此自上而下的、事关全国的变法运动自京城展开。此次变法至光绪二十四年八月六日(即1898年9月21日),因慈禧太后等顽固势力发动的政变而惨遭失败,历时103天,史称"百日维新",又因此年为夏历戊戌年,因而又称"戊戌变法"。

翁同龢

戊戌变法开始后,康有为、梁启超迅速成为各种变法号令的实际策划者。他们何以能从一介书生而成为维新变法的灵魂人物呢?一方面固然因为他们此前宣传变法维新的各种努力而名震京师,最重要的是他们的救国主张与光绪帝变法图强的心愿一致,并得到了朝廷进步官员翁同龢、徐致靖等人的大力举荐。尤其是翁同龢,他是光绪

三、戊戌变法 武装勤王

帝的老师、帝党首领、军机大臣和户部尚书,是光绪帝最倚重的人物,因此他的推荐自然得到重视。除翁氏鼎力推荐外,在变法诏书发布的第三天,侍读学士徐致靖也向皇上推荐包括康、梁在内的新锐人才。他说:"工部主事康有为,衷肝热血,硕学通才,明历代因革之得失,知万国强弱之本源,当二十年前,即倡令变法。……广东举人梁启超,英才亮拔,志虑精纯,学贯天人,识周中外,其所著《变法通议》及《时务报》诸论说,风行海内外,如日本、南洋岛及泰西诸国,并皆推服……。"就在徐氏推荐当日,光绪帝下令通知康有为预备召见;下令总理各国事务衙门召见梁启超并将考察意见提交于他。四月二十八日(1898年6月16日)光绪帝召见康有为。君臣之间就变法事宜进行深入交流,时间竟长达两个多小时。康氏对于变法的筹划深得光绪帝赞同,召见结束后光绪帝赏给康氏四品官衔,授予他在总理各国事务衙门"京章"①上行走之职,特许他专门向皇帝传递奏折。康有为所获官职虽然不算大,却能真正主导变法的总体思路,由此可见皇

---

① "京章"是满语的音译,表示官名,清代文武办事官员多称"京章"。

光绪帝

帝对他的重视。此后康有为的变法思想通过众多奏折不断传达到皇帝面前,主导着变法的总体构想。五月十五日(1898年7月3日),光绪帝破例召见没有任何官职的梁启超。梁启超受宠若惊,试图充分讲述早已准备好的腹稿,可惜他不会讲北京官话,无法与皇帝进行充分交流,这使得双方都很遗憾。不过当他把《变法通议》交给光绪帝时,光绪帝为其充满激情而独具慧眼的论述大加赞赏,于是召见结束后赏给六品官衔并令其负责办理译书局事务。主管译书局事务看起来似乎远离了推行新政的权威部门,好像是一个闲职,实际上并非如此。戊戌变法的参照系是日本和西方强国,这些国家先进的政治学说、经济理论以及实践成果等正是中国所要学习和借鉴的,而引进这些优秀成果只能依赖于翻译事业。设立译书局显然寄托了官方的期待,即译书局承担着为变法提供智力支持的重要任务。就梁启超而

三、戊戌变法 武装勤王

言,他甚至把译书看作是"改革第一急务",因此皇帝给他安排的职务还是符合其心愿的。

得到皇帝的召见使梁启超感到莫大的荣耀。后来他在《戊戌政变记》中说,按照清代惯例四品以上的官员才能得到皇帝召见,因此光绪帝召见小臣是自咸丰以来40余年未有的特例。自己以布衣之身被召见,更是清代数百年来未有的特例。由此梁启超认为光绪帝是一位真正的求才若渴的贤明君王。怀着对维新事业的憧憬之情以及对知遇之恩的感激,梁启超积极投身于译书局事务中。六月梁启超上书,陈述译书局开办情形以及经费问题,并进呈该局管理章程十条。这次上书很快得到皇帝答复。光绪帝充分肯定了梁启超的成绩及其设想,在资金方面更是给予大力支持。梁启超要求拨给一万两银子用于购买机器及中外书籍,实际批准二万两;每月经费要求一千两实际批准三千两。光绪帝命令译书局所有经费从宽下拨,由户部负责筹拨,不得拖延。得到皇帝的积极支持,梁启超热情高涨,七月间再次上书。要求创建编译学堂、免收学堂经营的书籍报刊的税费,并要求给予毕业生以学生出身。梁氏所有请求均得到批准。尤其是学堂毕业生获得学生出身,意义重大。它有利于青年学子放弃科举考试,改为在学堂学习有用之学,这就有利于现代学校的出现,因此梁启超说它是四千年来的创举。1902年清政府颁布《壬寅学制》,从此开启了中国近代国民教育的新篇章。1905年清政府彻底废除科举考试,人才培养完全依托于现代学校。由此可见,中国近代教育体制的变革进程与梁启超主张创办编译学堂关系密切。

然而,戊戌变法从一开始就伴随着维新派和守旧派的激烈斗争。早在四月二十七日(1898年6月15日),即光绪帝下令变法的第五天,慈禧太后就强迫他连续发布三道命令。一是命令帝师翁同龢离职回家,这道命令犹如釜底抽薪,剪除了最支持光绪帝的重臣,使原本薄弱的帝党力量更弱;二是任命守旧派重臣荣禄出任直

慈禧

三、戊戌变法 武装勤王

隶总督,统帅北洋三军①,由此剥夺了皇帝的军权;三是朝廷人员中凡获得太后奖赏的,以及被补授为文武一品官员或者满、汉侍郎的,均须到太后面前谢恩。这道命令削弱了皇帝的人事任免权,尤其是高级人事任免权。这三道命令为变法维新设置了巨大障碍。在此背景下,光绪帝仍然最大限度地利用有限的权力推进变法。五月五日、十二日连续两个命令彻底废除了科举考试中八股取士的制度,此后变法更为激进。五月十七日命令奖励创新;二十二日命令各省府、州县的书院改为学堂;二十五日命令三品以上京官及各省督抚、学政迅速推荐经济特科人才;六月十一日命令各衙门修改规章制度;十五日命令设矿务铁路总局于京师;同日允许国家官员及普通民众均可上书言事;七月五日命令设立农工商总局于京师;十四日命令裁汰京城内外多余的官府衙门;十九日命令革除礼部六位堂官官职并重新任命其他官员(由于皇帝允许群臣上书,因而礼部主事王照上书痛斥守旧派,并请求皇帝东游日本学习经验。对于王照的上书,礼部负责

---

① 即董福祥的甘军、聂士成的武毅军、袁世凯的新军。

39

人拒绝上传,于是王照上奏折弹劾礼部堂官。结果皇帝命令革除礼部全部堂官。这一事件为革新派出了一口恶气,但引起了顽固派的恐慌和愤怒,因此加速了政变的发生);二十日任命谭嗣同、杨锐、刘光第、林旭四人为军机京章,参与新政……短短的一百余天里,发布新政命令竟达一百多条,这些命令涉及政治、经济、文化、军事、人事任免等诸多领域,它们见证了光绪帝变法的决心和勇气。由于康有为深得光绪帝信任,因此他实际上扮演着政治革新的灵魂人物。梁启超作为康氏最得力的助手,因此康氏递交的许多奏折都是师徒精心商议的结果,而奏折本身大多出自梁氏之手。比如,杨深秀、徐致靖上书请求皇帝下令变法的奏折、康有为上书请求废除八股取士的奏折等均由梁启超代写。因此,早在五月十七日(1898年7月5日),梁氏给友人的书信中就指出"新政来源真可谓令出我辈"。所以我们不能因梁启超只负责办理译书局事务就说他游离于新政的策划之外。相反,由于康有为的存在,梁启超成为了新政的重要策划人。对于康、梁在新政中所扮演的重要角色,顽固派看在眼里恨在心里,七月二十三、二十四日之间湖南顽固派举人曾廉上书请求

三、戊戌变法 武装勤王

杀掉康、梁,皇帝不但没有加罪于康、梁,还命谭嗣同予以驳斥了事。

随着变法的推进,光绪帝不断启用革新派人士并设立新的行政部门,试图架空顽固派的实权,而这正是顽固派不能容忍的,于是八月六日以慈禧太后为首的顽固派发动政变,戊戌变法遭遇失败。政变发生后清政府下令捉拿康、梁,以及与新政密切相关的人员。大量革新派人员或遭杀害、或被监禁、或被革职、或被遣送边疆。其中,"戊戌六君子"(康广仁、杨深秀、杨锐、刘光第、谭嗣同、林旭)于八月十三日遇难。八月十四日顽固派下令捕杀康、梁。命令说:"康有为实为叛逆之首,现已在逃。著各直省督抚一体严密查拿,极刑惩治。举人梁启超与康有为狼狈为奸,所著文字,语多狂谬,著一并严拿惩办。"为保存实力,八月五日康氏就已离开北京,九日到达上海,十四日由英国军舰护送到香港,九月五日逃至日本。政变当日下午两点左右梁启超直奔日本使馆,希望日本驻华公使林权助和前首相伊藤博文设法挽救光绪帝和康有为,而他自己则做好了被杀的准备。林权助不仅答应了梁氏请求,还答应救他,劝他不要作无谓的牺牲。梁氏得到答复后暗自落泪,并仓皇跑出使馆,处理其他事情。当日晚梁氏遭到追杀时便躲避于日本使馆内。林权助把梁氏求救事宜告知伊藤博文,后者爽快答应,并说梁启超是"中国珍贵的灵魂"。为了顺利营救梁启超,林权助将其交给正在北京逗留的日本驻天津领事郑永昌,让他们化装成猎人,离开北京逃往天津的日本军舰。一路上朝廷特务追杀不断,梁启超历经种种险境终于逃到日本军舰上,从此开始了十余年的逃亡生涯。

康、梁逃至日本后很快见面,他们怀着对光绪帝的感激与牵挂、对顽固势力的仇恨、对死难同志的痛惜、对国家前途的关切等复杂情感,开始探索新的救国方略。血的事实告诉他们,要成就革新事业必须依赖强大的武力支持,因此他们开始策划以武力扫除顽固派力量,解救光绪帝的"武装勤王"的大计。为能实现这一计划,康、梁积极发动同门及维新人士在各国组建保皇会,并寻求国内实力派人士作为武力支撑,最终他们找到了唐才常。

唐才常(1867—1900),湖南浏阳人,谭嗣同挚友,维新派重要人物。早在戊戌变法紧要关头,就曾应谭嗣同邀请前去北京支援,然而刚至汉口,惊闻政变发生,不得

三、戊戌变法 武装勤王

已返回湖南。之后赴香港、新加坡、日本等地探寻救国之路。唐氏在日本期间与康、梁会晤并达成策划武装起义的共识,因此康、梁决心全力支持唐才常回国筹划武装起义。

武装勤王的总体策划是:康有为在新加坡主持大局,梁启超在檀香山负责各地筹款事宜并策划一切联络事宜。保皇会总部设于澳门,由何穗田、王镜如、欧榘甲、韩文举等负责。保皇会在各国的组织,日本方面由叶湘南、麦孟华、罗普、麦仲华、黄为之等负责;南洋一带由徐勤负

唐才常

责;美洲由梁启田负责。国内从事实际运动的分别是唐常才、狄葆贤等主持于上海、武汉;梁炳光、张学璟等活动于广东、广西。

1899年秋天,唐才常与林圭、秦力山回国运作。唐、林回上海后,以日本人田野橘次名义组织东文学社,而暗地里发起"正气会"作为运动机关。不久正气会改名为

43

"自立会",用以联络上海的维新志士。与此同时,唐才常派遣林圭、秦力山等人全力运动长江流域各省会党,发展武装力量"自立军"。自立军以会党力量为主,很快达到10万众之多。自立军发展如此迅速,与当时的国内政局息息相关。面对外国列强的不断侵略,清政府屡屡软弱无能,因此自1900年春天起,山东、天津、北京等地陆续爆发大规模的义和团运动,其宗旨是"扶清灭洋"。义和团起义使清政府剿抚不定、左右为难,最终决定用义和团的力量抵抗外国侵略而外国军队借机攻打中国。此时,部分地方总督如张之洞、李鸿章、刘坤一等拥兵自重、我行我素,清政权陷入空前的危机之中。乱局之中,梁氏踌躇满志,相信自立军必能成功。因此康、梁展开外交攻势,努力争取英、日等国的支持,同时企图说服两广总督李鸿章脱离清廷,拥护光绪帝复辟,建立"自立国"。梁启超的设想是:先由康有为在广东立足,然后自立军在长江中下游同时起义,这样江南半壁江山就在起义军控制之中。最后挥师北上,实现武装勤王的宏大目标。梁启超的自信及自立军规模的迅速壮大,使康、梁积极支持唐才常设立"国会",并于1900年七月一日在上海愚园召开,

三、戊戌变法 武装勤王

名为"中国议会"。此次会议精神是：联络外交，平定内乱，保全中国自主，推进中国文明进化，不承认反动的清政府而建立自新之国。

1900年，八国联军发动侵华战争，六月十七日，天津失守；七月二十日，英军攻陷北京，慈禧太后携光绪帝仓惶逃离京城。早在义和团兴盛的时候，南方各省督抚约定联合自保，参加者有江督刘坤一、粤督李鸿章、鄂督张之洞等。在此情势下，英、日等国基于自身的在华利益，对康、梁和自立军起义逐渐疏远，而老谋深算的李鸿章虽对清廷表示不满，但他绝无背弃清廷的意志。这样梁启超试图拥李鸿章创建自立国的理想自然落空了。国内局势的急剧变化催促梁启超回国主持起义大局，对此梁氏在《三十自述》中说："至庚子六月，方欲入美，而义和国变已大起，内地消息，风声鹤唳，一日百变。已而屡得内地函电，促归国，遂回马首而西，比及日本，已闻北京失守之报。七月急归沪，方思有所效"。然而，等待他的却是失败的命运。

由于唐才常与鄂督张之洞素有冲突，而张氏又与南方各省督抚及各国领事约定自保，自然会提防自立军起义。因此,张之洞命令部下秘密侦探,决定先发制人将起义党人一网打尽。七月二十七日,汉口某理发师侦知同街唐姓形迹可疑,遂上报都司陈士恒,陈氏由此跟踪拿获党人四名,并得知党人有大举动。张之洞得知此事后,立即照会租界各领事于二十八日清晨,派兵包围英租界李顺德堂及宝顺里自立军机关部等处,先后逮捕唐才常、林圭等20余人,当日夜里唐才常等11人被杀害。惊闻唐才常惨遭杀害,各地自立军有的自主解散,有的仓促起义但很快遭到灭杀。就这样,康、梁苦心经营的勤王运动再一次淹没于旧势力的腥风雪雨之中。惟一幸运的是梁启超在此次失败中幸免于难。本来梁启超曾与康有为商定,要求起义时为领袖者必须亲临军中鼓舞士气,因此得知汉口即将发难时,迅速从檀香山归国。途中船上有一人因疫情病死,客船被迫停留48小时消毒。当他到达上海的第二天,得知汉口事败、大势已去,由此停留上海而幸免于难。武装勤王的失败是上天对中国的磨难,而梁启超幸免于难,似乎又是上天对中国的恩赐。

此次勤王运动中梁启超扮演着极为重要的角色:他负责筹款及各地的联络协调,类似于后勤总长;负责大政

三、戊戌变法　武装勤王

方针的策划和制定,成为实实在在的"军师"。梁氏在此次运动中的付出和努力是非常惊人的,主要见于此间发给各地的数百件信函之中。根据所能见到的信函,其主要内容包括:起义资金筹措及分配;军械的购置及运输;军力策划及起义路线设想;打破门户界限、储备各类人才;谋划刺杀李鸿章和刘学询;采取适用而灵活的外交策略;确定起义时间的谨慎性与灵活性;对于勤王志士家属的保护办法;起义布告的撰写及旗帜的设计;起义后如何善后,等等。由此可见梁氏的确是勤王运动中最为核心的人物。倘若没有七月二十七日的败露,这次起义的前途将不可限量,而中国的走向将是另一番光景。此次运动是康、梁流亡海外后全力策划的大事件,他们动用了所有能够动用的资源和力量,因此失败的结局对他们的打击是巨大的。梁启超悲痛地僻居上海,十天后前往新加坡会晤康有为。停留新加坡多日后,梁氏应澳洲保皇会邀请,开始澳洲之行,继续探索救国方略。

四、政府要员　共和卫士

梁启超曾在中国的言论界呼风唤雨,引领舆论风向,成为中国 20 世纪前 20 余年当仁不让的"言论天骄"。事实上,梁启超不只是言论家,还曾是北洋政府中重要的高级官员。就高级职务而言,便有如下几种:

1913 年袁世凯任命熊希龄为国务总理,梁启超成为熊氏内阁成员,受任为司法总长,实际任期为 1913 年 9 月 11 日至 1914 年 2 月 20 日;1914 年受任为制币局总裁,实际任期为 1914 年 2 月 19 日至 1914 年 12 月 27 日;1917 年段祺瑞内阁成立,梁启超成为段氏内阁成员,受任为财政总长,任期为 1917 年 7 月 19 日至 1917 年 11 月 30 日。

梁启超多次成为政府要员,并非为了个人私利,而是

四、政府要员 共和卫士

力图将政府扶上正路,建成真正有希望的国家。因此,他每次任职都竭尽所能,进行诸多探索,试图为相关工作开创新局面。然而北洋政府里派系林立、相互掣肘,就连总统与总理之间也经常水火不容。就在这样的背景下,梁氏仍然进行了不懈的努力,为中国现代司法体系、银行金融体系、财政体系的建立,奠定了最初的基础。除此之外,梁启超在政治斗争领域同样有出色表现,建立了不朽的功勋。比如,他曾以在野身份成功阻止了袁世凯和张勋复辟封建王朝的丑剧,成为共和制度的真正卫士。

辛亥革命后,袁世凯以武力威胁的方式夺取了中华民国的总统宝座,但他仍不满足,因为他想做中国的皇帝!为能从总统变为皇帝,袁世凯需要改变国家性质,即由民主共和制变为君主专制。为能实现这一目的,他必须抛弃中华民国的国会和《临时约法》,因为这二者是限制他实行独裁专制的障碍。袁世凯取消国会的第一步就是解散国民党,因为国会中国民党占据多数席位。1913年11月4日,袁世凯以国民党议员与"二次革命"①有关

---

① 孙中山等革命党人于1913年发动的讨伐袁世凯的战争。

联为借口,下令解散国民党,并取消国民党国会议员的资格。由于半数以上的国民党议员被驱逐,国会议员达不到开会的法定人数,而袁氏拒绝增加候补人员,这样国会就悬空了。不仅如此,袁氏竟于1914年1月10日下令解散国会,随即下令解散各省议会,由此解除了一大障碍。为能修改《临时约法》,1914年3月袁世凯策划召开了约法会议。由于会议成员都是袁氏指派人员,因此约法会议为袁氏量身打造了《新约法》,将外交权、财政权、人事任免权、宪法制定权等收归总统,由此迈出了袁氏独揽大权的第一步。随后袁氏废除国务院成立政事堂,所有国家大事均由政事堂审核,并由袁氏最后定夺。同年5月,"海陆军大元帅统率办事处"成立,袁氏又获得全国军事大权。5月26日,袁氏下令成立参政院,代行立法院职权。参政院成员也是袁氏亲自指定的,因此参政院制定的《总统选举法修正案》确立了总统的终身任职权,以此确保袁氏独裁一生。此外,还赋予总统推荐下一届总统候选名单的权力,以确保袁家可以世袭总统宝座,实际上就是帝王的世袭制。

袁氏在集权的同时,还就官衔等级、称谓等进行复

四、政府要员 共和卫士

古。此外他唆使党羽收买中外舆论力量,鼓吹君主制度在中国的必要性,为其称帝创造氛围。就这样,袁世凯复辟帝制的活动愈演愈烈,也因此引起多方力量的反对,而梁启超就是其中最为坚决的反对者。

1915年年初的一天,袁世凯儿子袁克定故意设宴邀请梁氏,试图探听他对帝制的态度。宴会上袁克定和杨度极力批驳共和制的不足,而梁氏很不赞同,宴会不欢而散。回家后梁氏感到灾难即将来临,于是举家迁往天津。同年4月,梁启超回广东老家为父亲祝寿,临行前曾留给袁氏一封长信,苦苦劝诫不要一意孤行实行帝制。

信中说:"国体问题已经骑虎难下,我本来也不想多说了。不过静观大局,默察前途,愈思愈危,不寒而栗。……总统四年来为国民尽瘁之本怀,将永无以自白于天下;天下信仰自此堕落,国家根基自此动摇。""我希望总统能开创中国的新时代,不愿您成为中国历史上的奸雄;希望总统的荣誉在中国传承下去,不愿中国的命运因您而断送。我用血泪书写此信,尽最后的忠言,不辜负您对我的恩情。"此刻的梁启超还希望袁氏能悬崖勒马挽回危局,因此言辞恳切,留有余地。然而袁氏除更加痛恨梁启超外,对梁的忠告根本不予理睬。6月,启超从广东返回上海,准备再次劝说袁氏。到达南京时,他拜访了袁氏心腹爱将冯国璋,因为冯氏也反对袁世凯称帝。二人怀揣万言劝诫书,于6月底至北京拜谒袁氏。狡猾的袁世凯见二人同来,已猜透其来意。在欢迎会上,袁氏笑着对梁先生说:"你们来访的用意我非常清楚,就是劝我不当皇帝。……我并不傻,并不想当什么天子。"袁氏开打开话匣,不能自已。其言辞之恳切反倒使梁、冯觉得自己多疑了,于是赶紧转移话题。就这样袁世凯以主动出击的方式,巧妙回避了梁启超和冯国璋的来意,而继续他的帝制活动。

复辟活动愈演愈烈。1915年8月14日,袁世凯指使杨度、严复、刘师培等人在北京发起"筹安会",为其称帝鼓吹呐喊。对此梁启超决定冒着生命危险,公开反对袁氏阴谋。"筹安会"成立当日,梁氏怀着悲愤心情,任由感情奔流,写下了惊世大作《异哉所谓国体问题者》。此文还未发表之前,袁世凯就已探知其内容,因而非常着急。为此他立刻派人对梁氏进行威逼利诱,试图阻止发表。袁世凯首先派人贿赂梁启超,来人称只要不发此文,就给

四、政府要员　共和卫士

20万元现金。面对巨额的不义之财,梁启超以国家前途为重,婉言拒绝。袁世凯并不甘心,于是派人进行威胁。来人说:"梁先生在海外流亡十余年,难道还想尝试那样的滋味吗?"听罢,梁氏轻蔑地说:"我的确在外流亡多年,不过我宁愿流亡,也绝不苟活于这个黑白不分的世界上。"梁氏表态后,随之而来的是各种各样的恐吓,面对如此险境,梁启超毅然于8月20日将此文发表于上海的《大中华》杂志。此文的发表犹如一枚重磅炸弹,引爆了各界舆论。《申报》《时报》等争相转载,各阶层人士竞相传阅。一时间,全国舆论一片哗然,反袁运动风起云涌。

　　此文以严密的思维,详细阐释了反对变更国体的充分理由,毫不留情地揭露了袁氏及其走狗们的罪恶阴谋。文章对袁世凯执政四年以来的反复无常发出质问——"忽而满洲立宪,忽而五族共和;忽而临时总统,忽而正式总统;忽而制定约法,忽而修改约法;忽而召集国会,忽而解散国会;忽而内阁制,忽而总统制;忽而任期总统,忽而终身总统;忽而以约法暂代宪法,忽而催促制定宪法。朝令夕改,使国民彷徨迷惑,不知所从,政府威信,扫地以尽。"发表此文是梁启超真挚的爱国心使然。他在给女儿梁思顺的信中说："吾实不忍坐视此辈鬼蜮出没,除非天夺吾笔,使不复能属文耳",并且希望女婿周希哲将此文翻译为英文,以便国际社会知晓。此文的刊发,表明梁启超与袁世凯已经势不两立,他必须成功阻止袁氏阴谋,否则中国没有前途,而他自己也将失去生路!

蔡锷

文章发表后梁启超迅速与蔡锷、戴戡、陈国祥、汤觉顿等人秘密商讨对策,最后决定以军事力量阻止袁氏阴谋,军事反袁的最大靠山是蔡锷。蔡锷(1882—1916),湖南宝庆人,13岁师从梁启超就读于湖南时务学堂。戊戌变法失败后与同学多人赴日本追随梁启超,并在日本学习军事。辛亥革命后被推举为云南都督,掌握云南军政大权。为了改变军阀割据的恶习,他请求辞去职务,后被批准辞职并调至北京,获"昭远将军"上将头衔,实为虚职。由于蔡锷与梁氏有深厚的师生情谊,而蔡氏在云南军队中颇有威望,因此军事反袁的基点确定为云南。他们商定:云南于袁氏下令称

四、政府要员 共和卫士

帝后即通电独立,贵州过一月后响应,广西过两月后响应。然后以云、贵之力进军四川,以广西之力进军广东。约三四月后会师湖北,然后直逼北京,推翻袁世凯的独裁统治。他们商定梁启超暂居天津,不主动与外界联系,由此造成没有大动作的假象。然后等待时机,待蔡锷成功潜回云南后,梁启超便潜往上海,进行全面指挥。梁、蔡约定,如果反袁成功,不索要地位官职,如果失败就为国捐躯。

由于袁世凯暗地里派人监视蔡锷,于是蔡锷将计就计,不仅与袁世凯及其党羽关系密切,还在闲暇时沉迷于烟酒和女人,这一假象使袁氏放松了警惕,而蔡锷十分小心地与云南保持联系。1915年11月底,蔡锷避开袁氏监视,在妓女小凤仙的掩护下潜至天津,在梁启超家化妆后乘船至日本,然后再乘船经台湾至香港,再转道越南,于12月19日到达昆明。与此同时,梁启超于12月18日到达上海。蔡锷到达云南后即与唐继尧等军界人物全面策划起兵反袁。此时的梁启超一方面与云南保持沟通,就军事、财政、外交等进行指导,另一方面积极联络南京的冯国璋,争取他支持云南起义。

12月23日,蔡锷、唐继尧代表云南军界致电袁世凯,痛斥其种种罪行,并表示要将帝制发起者"明正典刑"。12月25日,云南正式宣布独立。云南独立前后发布了由梁启超写好的《致北京警告电》《致北京最后通牒电》《致各省通电》《云贵檄告全国文》等电文,号召全国人民推翻袁世凯反动政府。云南独立后,袁世凯虽然极为惊慌,但是自认为云南对他的庞大势力构不成威胁,因此于1916年元旦登基称帝。由于袁世凯一意孤行,云南军队在蔡锷指挥下,于1916年1月14日进军四川,由此拉开武装讨袁的序幕。潜居上海的梁启超对蔡军进行多方指导,如经费筹措、士气鼓舞、舆论宣传等。

起义初期,蔡军势如破竹,不断获胜。袁世凯不得已调动十万大军予以镇压。由于力量悬殊,并且袁世凯军队在装备、给养等方面均处于绝对优势,因此蔡军很快处于危险境地,此刻急需各地声援。但是除贵州于1月27日宣布独立外,其他省份都处于观望状态,形势对蔡军极为不利。梁启超除继续指导和鼓舞蔡军外,历经千辛万苦、冒着生命危险运动南方各省响应义举。在梁启超的不懈努力下,3月15日广西宣布独立。至此,云南、贵州、

四、政府要员 共和卫士

广西连成一片。局面好转,蔡军士气高涨,3月17日蔡锷命令部队全线反击,经过七天七夜的激战,掌控了战场局面,为胜利奠定了根基。广西独立后,梁启超抓住时机游说广东,4月6日广东宣布独立、4月12日浙江宣布独立。至此,南方各省相互呼应,形势大好。

5月6日,护国军最高机关军务院在广东肇庆成立,实际上就是起义军的临时政府。梁启超在军务院地位极高,担任政务委员长兼抚军。军务院成立后,接连发表五个宣言,主要内容如下:第一号宣言,讨伐袁世凯的叛国罪行,要求抓捕后绳之以法;第二号宣言,要求根据《临时约法》,去除袁世凯总统资格,由黎元洪继任;第三号宣言,以军务院代替袁世凯的国务院,筹划善后事宜;第四号宣言,颁布军务院职权范围及组织条例,声明新国务院成立后即行取消;第五号宣言,指出袁氏政府的非法性,彻底否定其独裁统治。随着这些宣言的陆续发布,四川、湖南等省相继宣布独立,袁世凯在全国人民的讨伐声中大病不起,于6月6日一命呜呼,逃脱了正义力量的直接审判。6月7日黎元洪继任总统,6月29日恢复民国元年的《临时约法》和国会,7月15日军务院撤销,8月1日新国会召开。至此,护国战争取得圆满成功。

此次战争中,梁启超既是发起者,也是各方面联络的中心,他的种种策划和布置,他对大局的掌控,成为获胜的关键。由于梁启超是此次胜利的最大功臣,因此新政府给予他高度礼遇。黎元洪总统致电褒奖其丰功伟绩,邀请他出任总统府秘书长,辅佐政府。面对即将到来的荣华富贵,梁启超实现了他和蔡锷在战前的约定:胜利后不要功名。为此,梁启超又成为了在野政论家。

新政府中,由于总理段祺瑞掌控着实权,因此总统与总理之间关系紧张。1917年,就中国是否参加世界大战的问题,二人闹得水火不容。为此,黎元洪于6月14日请求张勋进京调停,由此引发了张勋复辟清室的丑剧。

张勋(1854—1923),江西奉新人,前清遗老,北洋军阀,曾受过慈禧太后的恩惠和褒奖,因此对清王朝忠心耿耿。民国成立后,他以遗老自居,留着辫子,同时不许部下剪去辫子,因此被称为"辫帅",其军队称作"辫子军"。由于张勋对清王朝充满感激之情,因此不断积蓄力量等待复辟时机。

眼见袁世凯复辟的下场,张勋还是固执地认为帝制

四、政府要员 共和卫士

更适合当时的中国,他认为袁世凯复辟之所以失败,原因在于没有笼络好当时最具影响力的地方实力派人物——北方的冯国璋和南方的陆荣廷。因此,复辟清室的问题,在张勋看来只要获得地方力量尤其是"北冯南陆"的支持,就能胜券在握。

眼下北洋政府中总统与总理的水火不容为复辟创造了难得的机会。于是,张勋通过各种途径联络地方军阀,尤其是"北冯南陆",向他们传达复辟意向,并获得了他们的默许。最令张勋放心的是,这些实力派人物还签名赞成复辟。因此当黎元洪邀请张勋进京调停时,张勋便踌躇满志地率领数千名辫子军浩浩荡荡地进军北京。当部队到达天津时,张勋就逼迫黎元洪解散国会,而当部队进入北京后,张勋便换上清代官服,与前清遗老们策划复辟。1917年7月1日,张勋终于实现了他的梦想——将末代皇帝溥仪重新扶上龙椅,宣布恢复清帝国。然而真能如此轻易就变更国体吗?

张勋复辟的丑剧再次引爆了全国的舆论界。梁启超得知消息后,迅速造访段祺瑞,要求他起兵反张。7月2日梁启超和段祺瑞从天津赶往第八师驻地马厂,召开军事会议,成立"讨逆军司令部",段氏任总司令,梁氏任参谋。马厂誓师后,讨伐张勋的战争正式开始。此间发表的各种通告和电文,大多出自梁氏之手。由于张勋像袁世凯一样逆历史潮流而动,因此辫子军很快溃败。令张勋万万没有想到的是,原来签名支持他复辟的实力派人物竟然没有一个人站出来为他说话,更不用说为他提供军事支持!张勋大喊"上当受骗",一场复辟丑剧就此收场。

五、外交谋士　中国灵魂

在写于1899年的《夏威夷游记》中,梁启超曾根据眼界的不同,把人分为三个级别:乡人、国人、世界人。只知本地之事者,谓之乡人;只知本国之事者,谓之国人;知天下大势者,谓之世界人。梁启超尚在求学时代且未走出广东之时,可谓"乡人";当他作为核心力量参与"公车上书"并发动"戊戌变法"之时,可谓"国人";而当他流亡日本,在国际视野中寻求救国方略时,就可以称作"世界人"了。历经乡人、国人到世界人的转变,不仅拓展了梁氏的政治视野,还成就了他的外交智慧和谋略。

早在"武装勤王"时期,梁氏外交智慧就已初露锋芒。为使起义不受外来力量的干涉,梁启超与康有为达成共识,广泛游说日、英、美等国政要,希望他们支持自立军起义。自立军成员主要是长江沿线各会党成员,而各会党均有自己的票据以别于其他会党。因参与自立军的会党众多,而每一会党的票据上均有其宗旨,如"灭洋"、"杀尽洋鬼"等。梁氏得知后,认为如果杀戮外国人,就可能招致亡国之祸,因此他对相关负责人晓之以理,建议各会党宗旨一律改为"自立"或"救国",并迅速被接受。不杀外国人,可以减少敌对力量,利于起义。此外,义和团运动期间,北中国一片混乱而南中国能保持和平稳定,显然有梁启超等人的功劳。有人或许会因此认为梁启超惧怕外人,没有骨气,其实不然。梁启超应对外国的策略是讲究原则的,即绝不出卖国家、绝不牺牲国家利益。

1914年7月28日,第一次世界大战爆发,8月3日袁世凯政府通告各国,宣布中国保持中立,告知外国力量不得在中国领土、领海及各国在华租界内交战。此时欧洲列强已经无暇东顾,只有日本对中国存在威胁。一战爆发后,日本加入了协约国集团,并向德国宣战。通过对德宣战,日本创造了出兵中国攻打德国在华势力的借口,其目的是借机大规模进攻中国并独占中国。因此,尽管袁世凯政府已宣布中立,但贪婪的日本决不放弃侵略中国

五、外交谋士　中国灵魂

的机会。8月8日,日本置中国中立于不顾,试图进攻青岛。

袁世凯虽然深知日本试图借机侵略中国,但是为了帝制美梦,他又必须依赖日本的支持。在此背景下,袁世凯政府开始置国家利益于不顾,对日本的侵略不断退让,于是日本以攻击德国在华势力为借口,在山东为所欲为。此间,袁世凯命令中国军队不许抵抗。1914年11月7日,日军占领青岛,并开始策划独吞中国的阴谋。1915年1月18日,日本驻华公使日置益直接向袁世凯提出"二十一条"要求,并对袁世凯说:"如果总统您接受这些要求,您以后遇到什么事情日本一定全力相助。"不久他又对外交次长曹汝霖说:"中国如果想改国体为帝制,则日本必赞成。"简言之,如果袁世凯接受"二十一条",日本就会支持他实现当皇帝的美梦。

这"二十一条"包括5个部分:一、将德国在山东的一切权利让给日本,山东省不得让与或租借他国。二、承认日本人在南满及内蒙古东部的居住、往来、工商及开矿等特权。延长旅顺、大连港口以及南满、安奉铁路租期为99年。三、汉冶萍公司改为中日合办,附近矿山不准公司以外的人开采。四、所有中国沿海港湾、岛屿不得租借或让给他国。五、中国政府聘用日本人为政治、军事、财政等领域的顾问。中国警政由中日合办,军械半数以上要采自日本或中日合办的兵工厂。湖北、江西、浙江等省主要铁路权让给日本,并且日本在福建享有开矿、建港等优先权。

"二十一条",无疑是要把中国变成日本法定的殖民地。面对如此苛刻的要求,袁世凯一开始是不想接受的,并进行了一定的抗争。比如更换外交总长、故意拖延谈判时间、争取国际社会支持等。因此,1915年1至4月,袁世凯一面授权外交部与日本谈判,一面进行相应的抗争。1915年5月7日,日本向中国发出最后通牒,限于9日前答复。由于日本不断施压,英、美等国又无暇东顾,加之袁世凯对日本的依赖心理等,5月9日袁世凯授权政府答应日本,除提出第五号内容日后再协商外,其余全部接受。此后,5月9日遂成为中国的"国耻日"。

日本提出"二十一条"后,激起了中国人民的一致反对。在中国政府正式签字之前,梁启超挺身而出,引领全国的舆论予以揭露和抗争。他先后发表了《中日最近交

五、外交谋士 中国灵魂

涉评议》《中日时局与鄙人之言论》《解决悬案耶？新要求耶？》《外交轨道外之外交》《交涉乎？命令乎？》《中国地位之动摇与外交当局之责任》《再警告外交当局》《示威耶？挑战耶？》等文章。这些文章以痛快淋漓的笔触、缜密严谨的思维,向中国人民剖析了日本侵略中国的野心以及袁世凯的卖国行径,严正质问了日本的侵略谬论,并向其发出警告。这些文章的刊发,推动着全国的反日浪潮,给予日本当局以及袁世凯政府以巨大的心理威慑。

为平息民众怒火,袁世凯集团的部分政客散布胜利言论,称中日危机已经解决,永久和平即将到来。面对这些自欺欺人的言论,梁启超再次挺身而出,发表《痛定罪言》对无耻的政客们以当头棒喝。此文深刻剖析了和平表象下埋藏的隐患,论证了政府及知识阶层的过错等。围绕"二十一条"风波,梁启超不妥协于日本政要及袁世凯政权的威逼利诱,冒着生命危险,以锐利的笔锋撰写了数万字言论,以此维护国家利益,成为爱国知识分子的典范。在梁启超等爱国人士的鼓动下,中国人民拒绝接受政府与日本签订的"二十一条",并取得了最后的成功。

日本在中国的蛮横行径,向包括袁世凯在内的中国政要敲响了警钟:中国应趁世界大战之机,改变自己的处境,否则极为不利。怎样才能改变中国的处境呢？有外国人士向袁世凯献计,建议中国加入协约国参与世界大战。参战建议很快得到袁世凯同意。不过,未及参战,袁世凯就在全国的辱骂声中死去了。此后,复杂的国际国内形势,致使是否参战成为国内政要激烈争论的焦点。

袁世凯死后,黎元洪继任总统,段祺瑞任国务总理兼陆军总长。由于段氏掌控着实权引发了黎氏的不满,因此二人经常发生抵触。为能巩固自己的权力和地位,段祺瑞非常希望借助参与世界大战,扩展武装力量,维护其实权。因此,政府层面,总理段祺瑞力主参战,而总统黎元洪和多数国会议员却坚决反对。在野方面,除社会名流康有为、孙中山等通电反对外,一般舆论也不赞成。形成鲜明对比的是,梁启超是在野力量中最坚决主张参战的人,成为段祺瑞最得力的支持者,并经常为段氏献计献策。为此梁启超遭到论敌的猛烈攻击,就连他的某些好友也劝其放弃参战论,但是他仍然坚持己见,不为所动。关于梁氏参与其事的详情,当时的《申报》等媒体进行了跟踪报道。为能促成政府参战,梁启超与政府要员、社会

五、外交谋士 中国灵魂

名流以及媒体进行广泛接触,不遗余力地斡旋于各种力量之间。

对于参战问题,梁启超的论述涉及诸多方面,如:参战意义及其必要性、对德宣战的策略与程序、宣战书的撰写、中国参战的义务与权利等,十分周全。他所撰写的《余与此次对德外交之关系及其主张》《外交方针质言》《绝交后之紧急问题》等文,阐明了他的主张、策略以及参与其事的详细过程;《政局要言》等讲述了他苦口婆心斡旋各派力量之间,力劝他们同意参战的努力。在1917年初发表的《外交方针质言》中就明确提出参战原因,即"应世界大势,而为我国家熟筹将来所以自处之途"。并指出参战意义,"第一,从积极进取方面言之,非乘此时有所自表现,不足奋进,以求厕身于国际团体之林。第二,从消极维持现状言之,非与周遭关系密切之国同其利害,不复能蒙均势之庇。"梁启超立足中国、放眼世界,以高瞻远瞩的国际战略眼光,论证了中国参战的重要意义。随着欧洲战场力量的消长变化,战局逐渐有利于协约国集团。在梁启超等主战派的不懈努力下,1917年8月14日,中国政府正式对德、奥宣战,而宣战布告《大总统对德奥宣战书》，就出自梁启超之手。

中国参加第一次世界大战，是在战争即将结束时才发生的，而且其扮演的角色仅限于为协约国输送物资等后勤工作，但这对于新生的中华民国，对于从鸦片战争以来一直遭受凌辱的中国来说，犹如一声春雷，它宣布中华民族要从被侵略走向反击，要从被奴役走向独立！事实上，战后的中国历史正是逐渐朝着这一方向发展的，从这个意义上讲，梁氏力主参战在中国历史上具有划时代的意义。

1918年11月11日，世界大战以协约国的胜利而宣告结束。中国作为战胜国成员，参加了巴黎和会。提及巴黎和会一般人普遍认为中国遭遇了大失败，事实上中国拒绝了日本继承德国在山东的权益的蛮横要求，取得了空前的外交胜利。

由于"二十一"条遭到中国人民的坚决反对，因此日本转而寻求继承德国在山东的特权。其策略是充分利用中国政府内部权力之争的混乱局面。段祺瑞为巩固实力，以训练参战部队为借口，于1918年初向日本借得2000万日元，以此扩充武力排除异己。9月24日，驻日

五、外交谋士　中国灵魂

公使章宗祥和日本外相后藤签订了《中日参战借款合同》。作为借款附加条件,双方交换了山东问题换文,史称"中日密约"。密约承认了日本继承德国在山东的权利,成为后来巴黎和会中日本要求占有山东的借口。

巴黎和会中国代表团以外交总长陆徵祥、广州军政府外交次长王正廷为首席代表。梁启超以中国代表团会外顾问的身份同行,负责会外外交活动。为配合和谈,梁启超、林长民等倡议成立了"巴黎和会外交委员会"和"国民外交协会",汪大燮、林长民等作为两会主要负责人。两会的成立,为和谈期间梁启超与国内接洽重大事宜提供了平台。

日本得知梁启超将要赴巴黎的消息后非常不安。驻华公使芳泽特意宴请梁启超和林长民,试图探听中国对日本的态度。梁启超毫不含糊地说:"我们对德宣战后,中德条约废止,日本在山东继承权利之说法,当然没有了根据。""中日亲善的口头禅已经讲了好几年,我以为要亲善今日是个机会。我很盼望日本当局了解中国国民心理。不然,恐怕往后连这点口头禅也拉倒了。"梁启超义正辞严的话语使日本公使尴尬万分,无言以对。此次谈话成为中国在巴黎提出收回山东权利的论据。

梁启超到达巴黎后,迅速展开了多角外交活动。比如,进行公开宣讲活动,阐释中国的正当要求。他在巴黎"万国报社俱乐部"发表演讲,明确要求收回山东权益。他说:"如果其他国家要求承袭德国在山东侵略主义的遗产,就会成为第二次世界大战的媒介,就是和平的公敌。"与会者无不拍手称赞,只有日本记者低头无语。演讲之外,他还发表《世界和平与中国》《国际同盟与中国》等文章,有的翻译为英、法文字,展开舆论攻势。此外他还设法会见美国总统威尔逊及英、法等国政府代表、社会名流等,争取国际支持。对外宣讲活动之余,梁启超与中国代表团密切沟通,研究对日策略。此外,他还扮演了媒介角色,及时向国内反馈山东问题的谈判动态,并商讨对策。

巴黎和会的议题多达40余个,中日山东问题被列为第三类——友邦相互争议问题。中日围绕山东问题,进行了激烈交锋。中方以梁启超的论据为武器坚决反对日方要求。此外,中国在提出废止外国在华特权的一系列论题上都充分参考了梁启超的建议。山东问题是巴黎和会中中国面临的最艰难的问题,日本竟于1919年2月10日

五、外交谋士 中国灵魂

巴黎和会会场

向北京施压,北洋政府随之流露出妥协态度,其中的原因就在于1918年的"中日密约"。梁启超得知内幕后非常气愤,于3月中旬致电国民外交协会并要求转呈总统,要求政府强硬起来并警告政府不要再作茧自缚,授人口实。

尽管中国代表进行了诸多外交努力,但山东问题仍然日渐严峻。原来英、俄、法、意四国曾在1917年就与日本达成秘密谅解,承诺和谈期间不反对日本对山东利益的要求。谈判期间虽然美国曾提出山东问题暂交五大国共管,但遭到日本拒绝。形势急迫,梁启超于4月24日急电外交协会的王大燮、林长民,要求警告政府,绝不签字。征得总统徐世昌同意后,外交协会致电全权代表不得签字。与此同时林长民等连夜撰写电文,进行抗争。其一,致电威尔逊等四大国首席代表,表明中国的坚定立场;其二,致电中国代表团,决不同意日本要求;其三,发表《外交警报敬告国民》,呼吁全国人民誓死捍卫国家权利。然而,美、英、法三国于4月29日,决定将德国在山东的权利及胶州湾的所有权让给日本。梁启超陆续将谈判噩耗传回国内,由此引爆了名垂史册的"五四"爱国运动。无能的北京政府屈服于日本的压力而不顾国人的反对,竟于1919年5月31日至6月9日,密电全权代表要求签字。林长民得知实情后急电梁启超,要求设法阻止。悲愤的梁启超迅速将消息告知巴黎的中国留学生,学生们群情激愤。6月28日是中国全权代表准备签字的日子,巴黎留学生和华商等包围了中国代表团住所,并发出警告,"如敢出门,当扑杀之"。陆徵祥等不敢离开寓所半步,被迫发表声明拒绝签字。至此,日本逼迫中方签字的妄想破灭。

当然日本方面并不就此罢休。1920年1月9日,日本要求与中国直接交涉山东问题,立即遭到中国人民的

五、外交谋士 中国灵魂

反对。3月5日,梁启超自欧洲归国,受到热烈欢迎。当即发表演讲,坚决反对与日本直接交涉。梁启超在对日外交上的努力,坚定了中国在山东问题上的立场。1921年冬至1922年春,美、英、中、日等9国,为解决巴黎悬案,召开了华盛顿会议,并于1922年2月4日签订了《中日解决山东悬案条约及附件》,除淄川、坊子、金岭镇各矿山由中日合办外,中国收回了青岛及山东的一切权利,至此中国在对日斗争中取得了划时代的胜利,而首席功臣非梁启超莫属!难怪日本首相伊藤博文早在1898年就断言梁启超是"中国珍贵的灵魂"!

梁启超自欧洲回国后,明确宣布脱离政治,并将主要精力投放在高等教育和学术研究上。不过只要有涉及国家利益的重大政治事件,他都会积极关注,是名副其实的在野政论家。

1925年5月30日,上海学生两千余人在租界内散发传单、发表演说,抗议日本纱厂老板镇压工人罢工、打死工人顾正红等罪行,并号召收回租界。不料被英国巡捕逮捕100余人。当天下午万余群众聚集于英租界巡捕房门前,要求释放被捕学生,高呼"打倒帝国主义"等口号。

英国巡捕竟开枪射击,当场打死十三人,重伤数十人,逮捕一百五十余人,造成震惊中外的"五卅惨案"①。

惊闻惨案发生,梁启超非常愤慨,并再次挺身而出。他不仅公开演说,还精心撰写了大量文章,旨在为中国讨要公道。所写文章大致分为两类:一是针对国际社会的,包括《天津宣言》②《为沪案敬告欧美朋友》《对欧美友邦之宣言》《致罗素电》等。这类文章主要是阐明事实、分析原因、揭露英国的殖民思想以及呼吁修改不平等条约等。其主要目的是引起国际社会的关注,获得同情和支持。二是引导中国政府和人民的,包括《我们应该怎样应付上海惨杀事件》《沪案交涉方略敬告

五卅运动中的示威群众

---

① 五卅,即 5 月 30 日。
② 案发后与另外七人联名发表。

五、外交谋士　中国灵魂

政府》《赶紧组织"会审凶手"的机关啊》《答北京大学教职员》等。这类文章,主要是为政府和国民提供应对策略。比如,斗争方式、斗争对象、斗争规模、斗争经费、交涉方略等。梁启超撰写的每一篇文章,都凝聚着他对死难同胞的同情、对蛮横暴行的征讨、对平等和正义的渴望与追求!

五卅惨案虽然不幸,但是正如梁启超所说,它为中国人民反对帝国主义提供了新的契机,从近期来看,可以收回租界的立法和司法权力,改善中国工人的境遇;从长远来看,可以不断提高中国人民的觉悟,最终消除一切不平等条约。梁启超在每次面对外国强权凌辱中国之时,所展示出来的外交智慧和谋略是中华民族的骄傲,值得我们永久记忆!

六、新民强国　情寄文学

　　救国是梁启超一生的追求,而他救国的方式主要是言论救国。在言论救国的历程中,他曾特别关注过文学的力量,并将其纳入到创建新中国的宏伟蓝图之中。梁启超为什么要将文学作为救国的武器呢?这是因为他对文学与国家的关系进行了广泛考察,认为文学关系到国家的兴衰成败。

　　梁启超对文学与国家关系的考察,是从中外文学两个维度上同时展开的。对于中国文学与国家关系的考察首先表现在他对科举考试中诗文取士的反思和批判。早在1896年的《变法通议·论科举》中,他就指出科举考试中以诗文取士的诸多弊病及其严重后果——难以选拔到真才实学之人。梁氏所处的时代是国家最需要实用人才

六、新民强国　情寄文学

的时代,而以诗文选拔的人才很难具备这种能力。最为可悲的是,诗文在科场中已经演变成技巧上的竞争,因此应试中的诗文成为了变态性的存在物,其中尤以八股文为最。八股文的写作是一种机械的工作,完全没有实用内容,几乎任何人一学就会。八股文的推行,既浪费士子的时间和精力,又可能致使他们精神衰弱,严重阻碍其智力发展。因此,梁启超对备战科举考试的诗、文、辞赋深恶痛绝,希望皇帝明诏天下,停止八股文取士。

梁氏的考察并不限于科举中的诗文取士,他还考察了官方规约之外的中国文学的状况。他对各文学文类等进行了全面考察,尤其是对于小说的考察结果,代表了他对中国文学与国家关系的基本判断。梁启超例举了中国的种种丑恶现象,并将其归因于小说,由此断定小说是中国群治腐败的总根源。(《论小说与群治之关系》)

梁启超将中国社会的种种丑恶现象全部归诸小说,并认为小说家"握一国之主权而操纵之",这些论断未免偏激,但它同时表明梁氏对文学与国家关系的极度重视。官方诗文取士导致国无良才,而以小说为代表的文学自身又是"群治腐败的总根源",这就是梁氏对中国文学与国家关系的考察结果。梁氏极力指陈中国文学与国家衰败之间的关系,虽然不免偏激,不过这是一种策略——他试图以此说明文学之于国家的重要性,为文学救国建立依据。

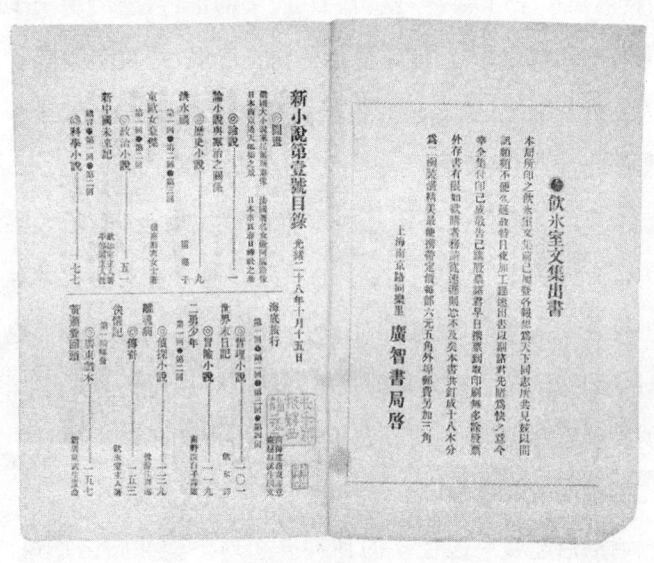

《新小说》第一期目录

在考察中国文学与国家关系的同时,梁氏还考察了外国文学与相应国家之间的关系。早在1897年,梁启超就认为日本文学中的俚歌、小说对明治维新产生了重要

六、新民强国　情寄文学

作用,希望中国效法日本以通俗文学教导国民,并指出这是拯救中国的第一要务。1898年梁启超逃亡日本后,亲自接触到大量明治时期的小说尤其是政治小说,使其确信日本政治小说为明治维新立下了大功(《自由书·传播文明三利器》)。日本经验使梁启超深受启发,希望中国也有此类的小说和小说家。除小说外,梁氏还盛赞日本政论散文并大力宣传德富苏峰、吉田松阴等人的创作及其对日本的巨大影响。比如,他认为吉田松阴的文章就是新日本的精神源泉。吉田松阴文章的力量正是梁启超为拯救中国而最为渴求的,因此他亲自编选了《松阴文钞》并撰写序言。梁氏对外国文学的考察不限于日本,还包括欧洲诸国。他在《译印政治小说序》中,特别强调日本及欧洲强国政治变革与文学之间的密切关系,并将美、德、英、法各国的进步归功于文学尤其是政治小说。梁氏极力指陈外国文学之于各自国家的巨大功绩,这同样是一种策略——意在从正面为其文学救国建立依据。综上所述,梁启超对文学与国家关系的考察结果可用一句话概括:文学关系到国家的兴衰成败。

　　由于传统的中国文学无法承担起拯救国家的重任,

因此必须通过"文学革命"重建中国文学。重建中国文学并非要抛弃中国的诗、文、小说、戏曲等文学种类,而是通过"诗界革命"、"文界革命"、"小说界革命"、"戏剧界革命"等,使中国文学以全新的面貌出现,从而推动新中国的创建进程。

梁启超发起的"文学革命"不仅规模宏大而且成果喜人。比如他对中国散文的革新就取得了空前的成就。中国古代散文有其重要特征,即"文以明道"及"文章技法"是历代散文学的两大支柱。梁启超革新中国散文的努力正是对这两大支柱的变革和改造。就形式而言,梁氏极力批判传统散文学中繁琐的技法和规则,主张自由奔放的文风。就内容而言,梁氏反对宣扬儒家道统的价值标准,倡导文章关注民族前途和国家命运。

通过"文界革命",梁启超创立了一种全新的文体,即"时务文体",也称"新民体"或"新文体"。对于此种文体,他总结说:"至是自解放,务为平易畅达,时杂以俚语、韵语及外国语法,纵笔所至不检束,学者竞效之,号'新文体';老辈则痛恨,诋为野狐。然其义条理明晰,笔锋常带感情,对于读者,别有一种魔力焉。"(《清代学术概论》)梁

六、新民强国 情寄文学

启超所追求的新文体不拘形式、平易畅达而饱含激情,因此特具魔力。就连蔑视"文界革命"的严复也不得不承认,"任公文笔,原自畅遂,其自甲午以后,于报章文字,成绩为多,一纸风行海内,观听为之一耸。"(严复《严复集》,第三册)

梁启超倡导的"文界革命"顺应历史潮流,符合中国的现实需要。他通过大量振聋发聩的文章,成为了"思想界之陈涉"。对此郭沫若在《少年时代》中以赞叹的口气说:"在他那新兴气锐的言论之前,差不多所有的旧思想、旧风习都好像狂风中的败叶,完全失掉了它的精彩。"并指出当时的青少年几乎"没有一个没有受过他的思想或文字的洗礼的。"正因如此,梁启超成为了 20 世纪前 20 年中国文坛上最具影响力的人物。

除"文界革命"的成功外,梁启超在诗歌、小说、戏剧等方面都进行了卓有成效的探索。重建中国文学的目的在于以文学的方式传播新思想于广大国民,从而形成强大的国民共同体以实现创建国家和保卫国家的目的。新思想的普及依赖于通俗易懂的文学语言以及高效快捷的传播手段,于是梁启超对倡导俗语文学以及充分利用报刊传媒的重要性及其方法进行了深入探讨。至此,梁启超在理论层面完成了重建中国文学的战略构想。

《新民丛刊》书影

文学救国不仅需要理论的探讨,还需要实实在在的作品予以支撑。梁启超通过大量的自创作品以及翻译作品,表述着他对"新国"、"新民"的憧憬。具体而言,主要表现在他对新中国的想象、新国民的想象以及英雄豪杰的呼唤等方面。

梁启超对未来中国的想象,首先面临的是建国问题,即通过怎样的途径才能创建未来中国的问题。对此他设想了三种建国方案,这三种方案分别体现在政治小说《新中国未来记》《旧中国未来记》和《海外新中国》的创作设想之中。梁启超在正式创作《新中国未来记》之前就对该小说的整体构思进行了如下说明:

六、新民强国　情寄文学

　　此书起笔于义和团事变,叙至今后五十年止。全用幻梦倒影之法,而叙述皆用史笔,一若实有其人实有其事者然,令读者置身其间,不复觉其为寓言也。其结构,先于南方有一省独立,举国豪杰同心协助之,建设共和立宪完全之政府,与全球各国结平等之约,通商修好。数年之后,各省皆应之,群起独立,为共和政府者四五。复以诸豪杰之尽瘁,合为一联邦大共和国。东三省亦改为一立宪君主国,未几亦加入联邦。举国国民,戮力一心,从事于殖产兴业,文学之盛,国力之富,冠绝全球。

此种建国方案是通过一省独立,再带动他省独立以建立联邦政府,在此基础上通过国民的团结奋斗建设成政治、经济、文化实力冠绝全球的强大国家。这种方案是国民自觉、主动的行为,是梁启超最理想的建国方案。不过由于当时的中国面临着传统势力及国外势力的双重控制,这种方案未必能够实现,因此梁启超设想了第二种建国方案,即《旧中国未来记》中的设想:

此书体例亦与前同。惟叙述不变之中国,写其将来之惨状。各强国初时利用北京政府及各省大吏为傀儡,剥夺全国民权利无所不至,人民皆伺外国一颦一笑,为其奴隶,犹不足以谋生,卒至暴动屡起。外国人藉口平乱,行瓜分政策;各国复互相纷争,各驱中国人从事军役,自斗以糜烂。辛经五十年后,始有大革命军起,仅保障一两省,以为恢复之基。

这种方案以不变的中国为前提,不变的中国所面临的各种惨状,促使革命军应时而起,造成一两省独立之势,并以此为根基拓展建国大业。这种方案不如第一种理想,因为它所设想的保障一两省之独立是50年之后的事,至于何日才能创建理想的中国还未可知。这种方案自然不是梁启超最希望的,但它作为梁氏对中国未来走向的一种设想,却具有其合理性。此外,梁启超还设想了第三种建国方案,即《海外新中国》中的设想:

此书专为发明地方自治之制度,以补《新中国未

六、新民强国　情寄文学

来记》所未及。其结构设为二百年前,有中国一大民族,不堪虐政,相率航海,遁于一大荒岛,孳衍发达,至今日而内地始有与之交通者。其制度一如欧美第一等文明国,且有其善而无其弊焉。其人又不忘祖国,卒助内地志士奏维新之伟业,将其法制一切移植于父母之邦。

《海外新中国》着眼于逃遁于荒岛的中国人,他们通过两百年的努力,探索出世界一流的管理制度。当他们与母国取得联系后,积极支持母国维新事业,并将其成功经验移植于父母之邦,助内地维新志士完成母国建国大业。

上述三种建国方案中,《新中国未来记》的设想是梁启超最希望看到的,因而展望了这种模式下的美好蓝图。相比之下,《旧中国未来记》和《海外新中国》中的建国方案不如前者理想,梁启超虽然指明了出路,但并未展望这两种模式下未来中国的蓝图。尽管如此,这三种建国方案均是梁启超对未来中国出路的设想,他希望以此为国人提供精神家园和前进的动力。在具体实践中,由于各种原因梁启超只创作了《新中国未来记》并且只写完前五回。尽管如此,这部未完之作展望了未来中国的美好蓝图。

梁启超对新中国美好蓝图的想象,从文献上看其实始于《少年中国说》。他对"少年中国"的展望,缘于西方国家及日本对于中国的侮辱性称谓——老大帝国。为了反驳"老大帝国"这一称谓,梁启超以"国家"之定义为依据予以论证。他认为中国尚处于"少年"时代,是未来之国。对于延绵几千年的中国历史,他认为这只是朝廷的历史,与国家无关。在创建未来中国的设想中,梁氏寄希望于中国少年,认为只有他们才能创造出充满活力的少年中国:

> 今日之责任,不在他人而全在我少年。少年智则国智,少年富则国富,少年强则国强,少年独立则国独立,少年自由则国自由,少年进步则国进步,少年胜于欧洲则国胜于欧洲,少年雄于地球则国雄于地球。红日初升,其道大光;河出伏流,一泻汪洋;潜龙腾渊,鳞爪飞扬;乳虎啸谷,百兽震惶;鹰隼试翼,

六、新民强国 情寄文学

风尘吸张；奇花初胎，矞矞皇皇；干将发硎，有作其芒；天戴其苍，地履其黄；纵有千古，横有八荒；前途似海，来日方长。美哉我少年中国，与天不老！壮哉我中国少年，与国无疆！

这就是梁启超对中国少年和少年中国的期待和想象。中国少年是充满希望的少年，少年中国是充满活力、茁壮成长的国家。《少年中国说》中的"少年中国"毕竟处于"少年"时代，还没有具体成型，因而"少年中国"的形象还是笼统的、朦胧的。两年后梁启超在《新中国未来记》中所呈现的中国已经不再是"少年中国"而是"壮年中国"的形象了。《新中国未来记》第一回以倒叙手法展望了建国五十周年的美好图景：中国成为了世界政治、经济、文化的中心。梁启超于1902年开始创作《新中国未来记》，在他的设想中，1912年新中国成立。果不其然，中华民国于1912年成立了。特别是梁启超预想了建国50周年之际上海举办世界博览会的盛况，而今已于2010年实现了。

梁启超对未来中国的想象，只是一种政治理想，这种理想能否实现,取决于中国政治的实践效果。中国的政治实践不能闭门造车,还需要来自他国的经验教训。因此梁启超在展望中国蓝图时,撰写了一系列他国史志。如对雅典、斯巴达、朝鲜、越南、埃及等国的记述。他国的经验教训不仅可以为国人提供历史智慧,还可以激发国人的危机意识,促使他们采取实际行动去改变国家命运。除他国史志外,梁启超还撰写了一大批启迪国民,探寻中国出路的政论散文。如《论中国人种之将来》、《论近世国民竞争之大势及中国前途》、《十九世纪之欧洲与二十世纪之中国》,等等。这些著作无不以中国前途和民族命运作为关注中心。梁启超对未来中国的想象,是其立足中国现实、放眼世界以寻求建国方略的思想在文学领域的感性呈现。

新中国的创建,离不开新国民的孕育,为此梁启超还设想了未来的新国民形象。在梁启超的设想中,未来的国民具备各种良好品质,如:自由、独立、进取、冒险、尚侠、尚武等。关于新民的各种品质,梁启超除在《新民说》《中国积弱溯源论》《论中国国民之品格》等大批议论文中进行充分的探讨外,还通过更为感性的小说、戏剧、人

六、新民强国　情寄文学

物传记等进行展望。

比如关于自由、独立,在其翻译的小说《佳人奇遇记》①中就有更为直观的表现。《佳人奇遇记》以东海散士的两次游踪为经,以散士所遇各国志士之事功为纬,通过纵横方向的展开,塑造了一系列具有独立、自由精神的各国志士的丰功伟业,全书以东海散士回归日本投身国家的自由、独立事业结尾。整部小说的灵魂始终不离自由、独立四字。一方面,小说所涉及的众多志士均具有自由、独立的人格精神,另一方面他们所具有的这种人格精神的最终目标都是为了实现国家的自由、独立。正因如此,梁启超对自由、独立的国民精神的渴求实际上就是对国家自由、独立的渴求。

关于进取、冒险,梁启超通过史传作品,如《张博望班定远合传》《中国殖民八大伟人传》《祖国大航海家郑和传》以及翻译小说《十五小豪杰》②等传达出来。其中,《张博望班定远合传》《中国殖民八大伟人传》《祖国大航海家

---

① 日本近代启蒙家柴四郎(1852—1922)的代表作。
② 法国作家儒勒·凡尔纳(1828—1905)的代表作。

郑和传》是对中国本土进取、冒险精神的发掘和弘扬,而《十五小豪杰》则是对域外民族进取、冒险精神的赞赏和宣扬。《十五小豪杰》的故事梗概是:澳大利亚州南面英属岛屿纽西仑岛奢们学校的学生14人准备在假期环游该岛,开船前一晚船被大风吹离海岸,历经漂流至一个杳无人烟的孤岛,船上人员除14个学生外还有船崽1人,他们之中年长者15岁,年幼者仅9岁,故称"十五小豪杰"。这15人在未到达孤岛前及到达孤岛后历经种种艰险,共同渡过了两年的孤岛生活,最终胜利返回家园。十五小豪杰历经磨难,以他们的智慧和毅力战胜各种挑战,表现出强烈的进取、冒险精神,这种精神正是我国国民所缺乏的。梁启超选择翻译该小说,就是为了塑造这种国民精神。

关于尚侠、尚武,显然是对国民柔弱精神的反叛和否定。早在梁启超预备创办《新小说》报之时,其小说规划中就有"军事小说"一类。"军事小说"的目的是"专以养成国民尚武精神为主"。虽然《新小说》报在办刊实践中,没能刊出专门的军事小说,但梁启超却亲自创作了一系列史传作品,如《黄帝以后第一伟人赵武灵王传》《明季第

六、新民强国　情寄文学

一重要人物袁崇焕传》《中国之武士道》以及戏剧作品《班定远平西域》等,试图通过辉煌的历史回忆,重塑国民尚武精神。1904年梁启超创作了史传作品《中国之武士道》,选取了春秋战国到汉初的代表人物77人,展示他们各自的武士道精神。这77人所承载的武士道精神,梁启超把它细分为18类并精心概括为"国家重于生命,朋友重于生命,职守重于生命,然诺重于生命,恩仇重于生命,名誉重于生命,道义重于生命。"梁启超对中国历史上武士道精神的挖掘,旨在培育全国的尚武精神。继《中国之武士道》之后,1905年梁启超创作剧本《班定远平西域》,此剧共6幕,完整展现了班超平定西域的丰功伟绩,其目的也是"提倡尚武精神"。尤其令人瞩目的是,该剧虽然只有短短的6幕,但穿插于其间的军歌却多达28首,梁氏对尚武精神的渴求由此可见一斑。

梁启超对于新国民的想象,主要表现在人格精神的层面,它是一个丰满的、多维的系统。我们的阐释只展示了其中的某些侧面,因而只能窥其一斑。梁启超通过不懈的努力,为中国人塑造了富有时代性的崭新的国民形象。他曾在《新民说》中说:"苟有新民,何患无新制度?

无新政府？无新国家?"换言之,新民是新国的基石。

在对新民的想象中,梁启超特别注意英雄豪杰的重要性,并为古今中外英雄豪杰作传,由此进入到求英雄、梦英雄的思想征程。求英雄、梦英雄是充满艰辛的思想之旅,因为他所撰写的每一篇英雄人物史传的对象都是他在古今中外几千年历史长河中精心挑选的。

梁启超的人物史传,古代部分主要集中于中国,而近现代则以西方为主。之所以出现这样的现象,可能是基于中西方在历史发展进程中国家地位发生巨大变化的考虑。就中国而言,古代史是充满荣耀的历史,而近现代则陷入不断衰败的困境。反观西方强国,他们在近现代迅速取代了传统文明古国的荣耀地位,成为世界仰慕的中心。中外国家地位的消长变化决定了梁启超对于不同时段史传人物来源地的选择。

梁氏创作中国伟人传,主要基于三个原因:第一、伟人不仅可以为国家增添光彩,还可以作为立国的精神资源。第二、史家有义务重新发掘伟人的丰功伟绩和历史价值。第三、中国历史上被埋没的伟人不可胜数,因此有必要使这些伟人重见天日。对于近代伟人传,就时间而

六、新民强国 情寄文学

言,他认为近世人物由于时间较近因而容易感动读者。就地域而言,由于近世欧美国家的迅速崛起,在此过程中伟人发挥了重要作用,因此这些国家中的伟人容易感动中国读者,并为中国的变革提供经验。总而言之,梁氏创作英雄豪杰传始终与其创建新中国的梦想紧密相关。

梁启超指出,国民不可不崇拜英雄,一个国家或一个时代的兴衰与其国民是否崇拜英雄以及国内有无英雄密切相关,因此国家不可无英雄,国民不可无崇拜英雄之心。梁氏撰写英雄史传就是想借此激发和培养国民崇拜英雄之心,并孕育新的英雄豪杰。

梁启超对新中国、新国民的想象以及对英雄豪杰的呼唤,均是其救国理想在文学领域的感性呈现。新中国、新国民、英雄豪杰三者就其外在形态而言是各自独立的,但其内在理路又是相互关联的。三者之中,新中国处于核心地位,而新国民和英雄豪杰则是实现新中国的必要前提。新中国的实现离不开全新的国民群体,而国民群体在创建新中国的过程中又需要具有凝聚力和影响力的英雄豪杰作为引路人,由此构成了三者之间密不可分的关系。这是梁启超在文学的层面就如何救国所做的精心设计。"一个思想家,对处于水深火热之中的同胞,或者为他们构建一片幸福的乐园,或者为他们铺设一条通向乐园的现实道路。"[1]梁启超正是这样的思想家,除在非文学领域的努力外,他还以文学的形式为同胞描绘着未来的乐园,并为他们指出了通往乐园的道路。中国社会历经一个世纪的风风雨雨之后,梁启超在文学作品中对未来中国的美好憧憬已经或正在变为现实,这的确是历史老人给予他的最高馈赠。

---

[1] 蒋广学:《梁启超评传》,南京大学出版社2005年版,第228页。

七、红颜知己 情感港湾

古往今来,人们常常发出:"人生得一知己足矣!"的感叹。知己可以激发生命的能量,可以使生命的意义更为厚重。如果说缺乏知己的人生是悲凉的,那么拥有知己的人生则是幸运的。生逢乱世是梁启超的不幸,而一生中能拥有几位红颜知己则是他最大的幸福。

1889年,梁启超参加广东省乡试,因其文章新颖畅达,深得主考官李端棻赏识而成为举人。不仅如此,李氏还决定将待字闺中的堂妹李蕙仙许配给这位得意少年。两年后,李端棻在北京亲自为他们举行了隆重的婚礼。能以低微的出身迎娶一位知书达理的大家闺秀,梁家上下的喜悦自不必说。不过,梁、李的婚姻不仅是典型的"父母之命,媒约之言",而且双方的家庭地位悬殊甚大,他们的结合能幸福吗？鉴于此,深受进步思想影响的李端棻自妹妹婚配之后,更加注意对她的教育,促使她支持丈夫的事业。

1892年,李蕙仙应堂兄的要求,与丈夫回到广东新会县茶坑村,拜见梁家公婆,以尽晚辈礼仪。由于梁家世代清贫,只有几间旧屋,因此儿媳回家后,父亲梁宝瑛爽快地把家中古书屋"怡堂书室"布置成新房,让他们暂住。梁家的清贫以及南方的语言、饮食、炎热潮湿的气候环境等,对这位生活在北方的大家闺秀而言,无疑是全新的挑战。尽管面临诸多困难与不便,新婚妻子仍然没有任何怨言和不悦,她努力适应婆家的生活环境并尽力操持家务。对此,梁启超在《悼启》中说,"夫人以宦族生长于北地,嫔炎乡一农家子,日亲井臼操作,未尝有戚容。"李蕙仙操持家务的努力,以及对公婆的孝敬,使得婆母对她的爱胜过了对亲生女儿的爱。

如果说李蕙仙在婆家的表现一般人都能做到的话,那么后来她在梁启超所经历的各种风浪中的坚强以及对丈夫的无私奉献,则体现出她不仅作为妻子而且作为"知己"的特质。

七、红颜知己　情感港湾

"戊戌变法"失败后,梁启超成为清廷追杀的对象,梁家的生命财产安全直接受到威胁。经友人帮助,梁启超惊险逃至日本;妻子李蕙仙带着女儿梁思顺,父亲梁宝瑛带着其他家属避居澳门。不难想象,梁家上下日日都处于惊恐之中。此时此刻,正是李蕙仙扮演了梁家顶梁柱的角色,这从梁启超写于此间的大量书信中可以得到证明:

> 大人遭此变惊,必增抑郁,惟赖卿善为慰解,代我曲尽子职而已,卿素知大义,此无待余之言,惟望南天叩托而已。
>
> 大人当此失意之时,烦恼定不知几多,近日何如?不至生病乎?吾今远在国外,侍奉之事,全托之于卿矣。卿明大义,必能设法慰解,以赎吾不孝之罪,吾惟有拜谢而已。
>
> 卿我之患难交,非犹寻常眷属而已。
>
> 南海师来,得详闻家中近状,并闻卿慷慨从容,辞色不变,绝无怨言,且有壮语。闻之喜慰敬服,斯真不愧为任公闺中良友矣。
>
> ——《梁启超年谱长编》

在梁家最为艰难的时刻,李蕙仙深明大义、挺身而出,她历经艰险无怨无悔地替启超伺候老人、养育幼子。妻子的坚强与付出令梁启超无比感激和敬佩。从这些书信中,不仅可以看到妻子对梁家父母的孝心,更能看出夫妻之间彼此支持、相互信任的真挚感情。

李蕙仙与思成(右一)、思顺(右二)、思永(右三),1908年摄于日本

"戊戌变法"带给李蕙仙的磨难,只是梁、李夫妻生命历程中的一个环节。事实上,自李氏嫁与启超之始,冥冥之中似乎早已注定她与这位旷世奇才的爱情,将会面临

七、红颜知己　情感港湾

无数的风浪和坎坷,将会经历非同一般的重重考验。无论悲欢离合,李蕙仙均用其最大的努力支持丈夫的事业。在梁启超从平民百姓到政治明星、从政治明星到海外逃犯、从海外逃犯到高官显贵、从高官显贵到书斋学者的风雨历程中,李蕙仙以默默的付出,源源不断地为丈夫送去温暖的阳光,照耀其前行。同样,梁启超也以其对国家和民族的巨大贡献、对妻儿老小的深爱,回报于李蕙仙。

然而生命之神似乎有意捉弄这对患难夫妻,1915年李蕙仙不幸患上乳腺癌,手术之后被迫在家休养。1924春病情复发,梁家经过半年的努力还是未能留住这位亲人。1924年9月13日,李蕙仙因乳癌医治无效去世。爱妻的离去使启超悲痛万分,他当即撰写《悼启》一文,沉痛追述了李氏的出身、婚配、婚后的患难与共以及病逝的过程。夫人病逝后,梁启超一度陷入深深的悲痛而不能自拔。他在夫人的周年(1925)忌日再次撰写《祭梁夫人文》,以表达他对亡妻的无限眷念。节录数语如下:

> 呜呼!君真舍我而长逝耶?任儿女崩摧号恋而一瞑不视耶?……君舍我去,我何赖焉?我德有阙,

君实匡之;我生多难,君扶将之;我有疑事,君榷君商;我有赏心,君写君藏;我有幽忧,君噢使康;我劳于外,君煦使忘;我唱君和,我揄君扬。今我失君,只影徬徨!……君之去我,弹指经年。无情凉月,十三回圆。月兮,月兮,为谁圆?中秋之月兮,照人弃捐!呜呼!中秋月兮,今生今世与汝长弃捐,年年此夜,碧海青天。

——《梁启超年谱长编》

梁氏祭文可谓语语含情、字字和泪。这是对他们相守33年的患难与共的夫妻之情的最好纪念。33年来他们共同经历太多的艰难和坎坷,也分享过不少的光辉和荣耀,他们在忧患的时代诠释了何谓夫妻真爱、何谓人生知己。

梁启超的第二位妻子是李蕙仙的丫环王桂荃。王氏,1886年出生,四川广元人,童年十分悲惨。4岁时父亲猝死,而继母时常虐待她。仅在4至10岁间就被多次转卖,最终被卖到李蕙仙娘家。1894年李蕙仙回家探亲,见她年龄虽小却聪明勤快,于是将她带到梁家作贴身丫

七、红颜知己 情感港湾

环,梁启超为其取名王桂荃。

王桂荃,1940年代摄于天津

自1891年与李蕙仙结婚以来,梁启超为寻求国家出路而走南闯北,长期漂流在外。1898年戊戌变法失败后,梁启超只身逃亡日本,此间他虽曾接妻儿至日本短暂团聚,但为了实现救国救民的抱负,他必须利用一切时间和精力到处演讲,联络革新人士,宣传和策划变革中国的伟大事业。在梁启超为国事而日益操劳的时候,非常需要有人随行料理生活。然而,爱妻李蕙仙必须主持家政,支撑起这个家庭。此时已经长大成人的王桂荃自然成为了跟随梁启超的最佳人选。由于王桂荃聪明能干、通晓事理,因此她的悉心照顾构筑了梁启超温馨的港湾。长期的共同生活使他们产生了爱慕之情,1903年他们正式结婚,王桂荃成为梁氏的第二位夫人。对于梁、王的结合,李蕙仙会答应吗?事实上,梁启超也曾非常担心。当王桂荃怀孕快临产时他只得将其悄悄安顿于上海,并在那里生下了梁思永。梁启超与王桂荃的事,很快被李蕙仙知晓。一开始她非常震惊和愤怒,不过,当她慢慢平静下来后,还是接受了这一事实。对于李蕙仙的默认,学者李喜所、胡志刚在《百年家族:梁启超、梁思成、梁从诫》中给出了具体分析:其一,作为结发妻子,她是深爱并了解梁启超的,梁启超需要有人悉心照顾,而她又要管家教子,实在力不从心。其二,梁家将振兴家族的希望寄托于梁启超,在梁启超成家立业并已名扬中外时,梁家迫切需要一个男性继承人。然而,李蕙仙在1893年生下长女梁思顺后,多年没能如愿。尽管1901年生下男婴梁思成,但思成从小身体虚弱令人担心。因此,李夫人抛弃了个人恩怨。其三,当时的士大夫有三妻四妾并不为过,而梁启超迎娶的是自己的丫环,自己过去可以支配她,现在依旧

七、红颜知己 情感港湾

可以发号施令。上述原因,对于解释梁、王的结合也许不无道理,可备一说。

王桂荃虽然出身贫苦,没有读书识字的机会,但她天资聪颖且勤奋好学。当她跟随梁氏流亡日本后,接触到日本的现代文明和新思潮,不仅开阔了眼界而且很快学会了流利的东京话。在梁家寄居日本期间,她成为了梁启超和李蕙仙的得力助手,不仅要照顾家庭成员的饮食起居还要关心孩子们的成长和学业;不仅要负责家务方面的对外联系,还要以最大的努力支持梁氏事业。在李夫人生前,梁启超称呼王桂荃为"王姑娘"或"王姨",儿辈们称她为"娘",孙辈们则称她为"婆"。这样一个深明大义而又忍辱负重的女人在和梁氏结合后,很快赢得了梁家的尊重和喜爱,成为凝聚梁家情感的重要角色。

王桂荃对梁家子女,不管是李夫人所生还是她所生,都以慈母的爱滋养着他们的成长。当梁家孩子们尚小的时候,她除了照顾他们的饮食起居外,还要督促他们学习。于是当孩子们读书写字时,她也在一旁跟着读和写,以至于没上过学的她竟然学会了读书、看报,还学会了记账和写简单的信。王桂荃对李夫人所生的子女(思顺、思成、思庄)的爱都是最为真挚和无私的,她尽力呵护和教育他们。梁思成在回忆童年往事时说他小的时候很淘气,有一次考试成绩落在弟弟思永之后,生母李夫人气急之下正要抽打他,王桂荃见状慌忙将其搂在怀里,用身子护着,忍受着李夫人的鞭打,而梁思成则吓得直哭。事后王桂荃教育他说:"成龙上天,成蛇钻草,你看哪样好?不怕笨,就怕懒。人家学一遍,我学十遍。马马虎虎不刻苦读书将来一事无成。看你爹很有学问,还不停地读书。"这些朴素的话语,竟使梁思成终身难忘。可见,王氏对梁家子女的爱绝非溺爱,她用最朴素的话语引导孩子们健康成长。此外,王氏对李夫人所生的孩子的爱甚至超过了对自己亲生儿女的爱。比如梁思庄在 10 岁时患上了白喉病住院,王桂荃便日夜守护着她。而与此同时,王桂荃的亲生女儿也患上白喉病,由于精力有限,得到的照料有限。梁思庄最终转危为安,而王桂荃自己的年仅 9 岁的女儿却因照顾不周而失去了生命。为了不影响梁启超的事业,她竟然一个人承受着这次巨大的痛苦。此后王氏不仅一如既往地抚育梁家子女长大成人,还将其最温馨的母爱留给孙辈甚至重孙辈。

七、红颜知己 情感港湾

此外,王桂荃对梁启超的理解和支持,赢得了梁氏发自内心的依赖和爱恋。比如1915年12月,在梁启超前往上海策划反对袁世凯称帝的护国运动之际,王桂荃得知消息后,冒着生命危险来到上海,照顾梁氏生活,使他能够全心投入工作之中。再比如,1916年3月梁氏到达香港后,迅速写家书说:"当遣王姨来港","非王姨伺我饮食不可"。如此等等,足见梁启超对王氏的依恋。自李夫人患乳癌后,王桂荃成为了梁启超唯一可以依赖的亲人。晚年息影政坛以及李夫人的去世等,都对梁氏的内心产生了巨大冲击,然而他依然能够前行,为国家培养人才并在学术上建立丰碑。梁启超之所以还能取得举世瞩目的成就,完全少不了王夫人艰辛付出的功劳。

1929年梁启超去世后,王夫人成为了梁家实实在在的精神领袖,她用无私的母爱和智慧将梁家凝聚成坚强的集体,使梁家的晚辈们得以健康成长。1937年日本侵华战争全面爆发,梁家因此拆散:梁思成、梁思永全家和梁思达去了抗战后方;梁思顺、梁思庄住在北平;梁思懿在燕京大学读书;王桂荃带着梁思宁和梁思礼留守天津。1941年梁思礼和梁思懿赴美国留学,梁思宁去了解放区,梁思庄也带着女儿去了抗战后方。国家的灾难、儿女们的各奔东西,使得充满欢声笑语的梁家只剩下这位孤寂而坚强的老人,是她一直坚守着梁家的大本营——天津的饮冰室——并默默祝福着远方的儿女们。抗日战争结束后,留在国内的儿女们陆续返回北平和天津,梁家再次热闹起来。解放战争结束后,远在美国留学的梁思礼和梁思懿也学成归来报效国家。由于梁家子女大多在北京工作,因此王夫人卖掉天津的饮冰室,在北京买下一座四合院。这样每逢节假日梁家上下就团聚于此,共享天伦之乐。王夫人在分享儿女成才的喜悦时,其乐观和幽默也得以呈现。由于梁思成学建筑、梁思永学考古、梁思忠学军事,因此王夫人曾得意地对人说:"我这几个儿子真有趣,思成盖房子,思忠炸房子,房子垮了埋在地里,思永又去挖房子。"不难看出,团聚北京的梁家其乐融融。然而在文化大革命的浩劫中这位老人没能幸免,她被定性为"保皇党梁启超的老婆"。其家庭财产被全部没收,被迫住进一间阴暗的小屋。此时她已85岁高龄而且患有肠癌,但每天被迫出来扫街。尽管如此,梁家子女们因为相同的政治命运而不敢前来探望,就这样这个坚强的老

七、红颜知己 情感港湾

人含恨离开了人世。

直到1995年,经过梁家后人的多方努力,他们终于如愿在北京香山卧佛寺梁启超墓地为王夫人种植了"母亲树",并立碑纪念。碑文有云:"……王夫人豁达开朗,心地善良,聪慧勤奋,品德高尚,在民族忧患和家庭颠沛之际,协助李夫人主持家务,与梁氏共度危难。在家庭中,她毕生不辞辛劳,体恤他人,牺牲自我,默默奉献;挚爱儿女且教之有方,无论梁氏生前生后,均为抚育子女成长付出心血,其贡献于梁氏善教好学之家良多。……"这段碑文不仅是梁家后人对王夫人追忆的见证,还应被其他的国人记住,因为在梁启超为国奔波的一生中,这位深明大义的妻子的默默奉献也是伟大的。

在梁启超的情感历程中,除李蕙仙和王桂荃这两位爱妻外,还有一段令人羡慕的儿女之情。梁氏流亡日本后,为能拯救国家,常奔波于日本、南洋、美洲之间,为维新事业的东山再起而日夜操劳。1900年梁氏来到檀香山,无意中结识了一位才貌俱佳、令他心动不已的红颜知己,她就是何惠珍。

何惠珍是檀香山某华商之女,这位华商是当地保皇会会员。父女俩对梁启超的才气充满仰慕之情。一天晚上父亲设家宴邀请梁启超，席中还有外国名士等十余人。梁启超受邀作演讲，惠珍当翻译。由于惠珍穿着朴素，启超一开始并未留意。当她以流畅的语言，甜美的声音充当翻译时，着实令梁氏惊叹不已。他情不自禁地与惠珍的目光相遇，只觉得惠珍炯炯有神的眼睛充满着青春的气息，于是对她顿生好感。演讲结束后，梁氏得知此女芳龄二十，四年前已是本地教师。更令梁氏惊喜的是，此女在他来檀香山后一直在暗中帮助他。原来，梁氏在檀香山鼓动革新事业时，遭到清廷驻该地领事的破坏，他们买通一家西文报纸，经常发表文章攻击梁氏。此间有匿名者仗义执言，在其他西文报纸上发表文章为梁辩护。对此，梁氏万分感激，然而不知其作者是谁。当惠珍携其所写原稿以示梁氏时，这个谜底终于揭开。原来自己日日寻找的恩人竟是眼前这位妙龄女子。至此梁氏对何惠珍的才气和魄力更加敬佩了。握手告别时，惠珍羞怯地说："我万分敬爱梁先生，可惜仅敬爱而已，今生或不能相遇，愿期诸来生。希望先生赠我相片，以遂心愿。"这番绵绵情话，使梁氏竟然不知所措，只得点头称是。初次的相

七、红颜知己 情感港湾

遇,惠珍的音容笑貌已在梁氏心中烙下深深印痕。惜别后他总觉得心中时时刻刻有此人,毫无疑问,梁氏已喜欢上惠珍。

几天后梁氏将相片赠与惠珍,惠珍则亲自制作两把扇子回赠梁氏。此间某友人乘机鼓动梁氏说:"先生将游说美洲,但是又不懂西文,何不找一个得力的帮手呢?"梁氏回答说没有合适的人选。见梁氏不提惠珍,友人故意说:"先生如果想学西语,不如娶一位精通华语的外国女子,这样可以一边教西文,一边当翻译。"至此梁氏终于明白友人来意——欲促成他和惠珍的姻缘。对此梁氏伤感地说:"你想介绍的人,我其实知道。我不仅非常敬爱她,而且非常想念她。不过我与同志们创立了'一夫一妻世界会',现在绝不能违背。更为重要的是,我是亡命海外的逃犯,政府正拿着十万元悬赏金收购我的脑袋呢,我随时都面临死亡。此外,我与结发妻子尚且离多会少,怎能牵累人家好女子呢? 现在我为国事而奔走,一言一行都会引起各国注意,如果与惠珍相爱,谁能原谅我? 请你为我感谢惠珍,我将以她敬爱我之心敬爱她,时时不忘,如是而已。"其实自仰慕梁氏以来,惠珍心中已无其他男人,因此友人补充说:"她眼中哪有其他男子?几年前她发誓不嫁,就是因为你的存在啊。请你三思吧。"

又过几日,惠珍的老师请梁氏赴宴,惠珍再次充当翻译。此次二人见面,对于儿女私情避而不谈,而是畅谈家国大事。惠珍指出忽略女子教育是中国衰弱的第一病源,并言及如何整顿小学以教育儿童,以及改造中国文字等问题,并希望以此为己任,为国效力。她的言谈自然而自信,几乎使启超穷于应答。此次相会,启超亲切称呼惠珍为妹妹,并希望自己的女儿能拜她为师。惠珍大方地问及梁夫人情况,并希望他在家书中代为问好。临别之际,惠珍终于伤感起来,她意味深长地说自己一直以不通祖国文化为憾事,希望求得一通人教导,然而至今终究是无望了。言下之意,梁氏最适合做她的老师,做她的知心爱人,然而她深知这一切可能无法现实。言谈至此,惠珍凝视梁氏,感伤地说维新成功后不要忘了她。只要创建女子学堂,她会召之即来,全力以赴……最后,惠珍终于忍不住内心的渴望,深情向梁氏表白:"我之心惟有先生",遂握手伤别。

面对才貌俱佳而又多情的何惠珍,梁氏回到寓所后

七、红颜知己 情感港湾

思绪翻滚,由敬重之心而生出爱恋之心,他对惠珍的思念顷刻间变得难以控制。最终整夜无法入睡,满脑子全是惠珍的影子。显然,梁氏也如惠珍一样,深深地恋上了对方。梁氏很快将这次邂逅告知妻子李蕙仙,并且不无得意地说:"我因你而熟悉官话,遂以驰骋于全国;若能因惠珍而熟知英语,将来驰骋于地球,岂非绝好之事。"尽管如此,梁氏怕真伤害了妻子,因此特别说明他对惠珍只是怜惜而已,为了国家,他不能这么做。李蕙仙收到信件后的第一反应自然是非常气愤,然而冷静下来后,她更多的是理解,她希望大夫的事业中能有这样的女子相助,因此竟把信件交给了梁启超父亲,征求其意见。不料,梁父大骂启超胸无大志,要求断然拒绝。启超原本只是想将在外的经历告知爱妻,没想到妻子竟然愿意成全这段姻缘,以支持自己的事业。对此,梁氏既感激妻子的大度,又埋怨妻子没有理解自己的真实意图。因此他迅速回信,详细解释了不能娶惠珍的原因,并希望妻子和父亲不要再生气了。平心而论,梁启超与何惠珍的恋情属于一见钟情且相互倾心的那种类型,因此他们都有相见恨晚的伤感,但是为了维新事业的成功,梁氏理性地选择了放弃。为

了记忆这次动人心魄的恋情,启超满怀深情地写下了《纪事二十四首》。摘录三首如下:

> 颇愧年来负盛名,天涯到处有逢迎。识荆说项寻常事,第一相知总让卿。(第2首)
>
> 眼中既已无男子,独有青睐到小生。如此深恩安可负,当筵我几欲卿卿。(第6首)
>
> 万一维新事可望,相将携手还故乡。欲悬一席酬知己,领袖中原女学堂。(第18首)

梁氏生命中最值得记忆的三位红颜知己——李蕙仙、王桂荃、何惠珍,前两者成为他的妻子并为其生儿育女,用她们毕生的付出支持梁氏事业。至于何惠珍,她是带着对梁氏的仰慕而走进其情感世界的。他们的恋情虽然短暂,却是刻骨铭心的。惠珍的豁达大度以及对梁氏的期望,永远成为梁氏心中最美的回忆,激励他永不言败,不断前行。因此,我们追忆梁启超的丰功伟绩时,这些红颜知己都是不能忘记的。

八、育子有方　满门俊秀

据《宋史·窦仪传》记载,宋人窦禹钧教导儿子们要仰慕圣贤、刻苦学习,后来5个儿子全部及第为官,从而博得"五子登科"的美誉。事实上,判断家庭教育成功与否的标准应该更为宽泛,不能仅仅局限于子女是否为官。与窦氏相比,梁启超的育子妙方及其成果堪称20世纪中国教育史上的一个传奇。

梁启超养育成人的子女共9人,其中5男4女。5男分别是:长子梁思成、次子梁思永、三子梁思忠、四子梁思达、五子梁思礼。4女分别是:长女梁思顺、二女梁思庄、三女梁思懿、四女梁思宁。9个子女中梁启超与原配夫人李蕙仙所生3个,即梁思顺、梁思成、梁思庄;与第二位夫人王桂荃所生有6个,即梁思永、梁思忠、梁思达、梁思

梁启超之子女合影，1908年摄于日本居所

懿、梁思宁、梁思礼。梁门子弟，个个人品一流、学有专攻，堪称英才。

长子梁思成（1901—1972），生于日本，著名建筑学家、院士。1913年回国，曾入清华学堂学习，1924年赴美留学，毕业于宾夕法利亚大学建筑系，获硕士学位。

梁思成一生的主要贡献如下：一、在国内大学首创建筑学系。1928年回国后，梁思成赴东北大学任教并在该校创办了中国第一个建筑学系。遗憾的是，1931年日本

八、育子有方　满门俊秀

制造侵华的"九·一八"事变"后,东北大学被迫停办。抗日胜利后,梁思成执教于清华大学,为清华创办建筑学系并兼任系主任。在东北大学和清华大学的建筑学系,梁思成为中国现代建筑学的发展做出了重要贡献,培养了一大批优秀人才。1931—1937年间他带领"中国营造学社"走遍华北地区,对诸多古

梁思成和林徽因,1928年在加拿大温哥华结婚

建筑进行测绘研究,撰写了颇具学术价值的调查报告。梁思成通过实地考察和对现代科技手段的应用,改变了传统建筑学研究思路,开创了中国古建筑研究的新方法。

二、积极保护国家名胜古迹。1948年解放军解放北京前夕,为防止城内古建筑等毁于战火,解放军干部亲自拜访

梁思成,请求他将城内名胜古迹的位置准确地标注于军事地图上,以免进攻时毁坏。这一要求与梁思成保护国家文物的思想极为吻合,他当即答应并准确标注于地图上。此后,他组织部分教师用一个月的时间编写出100余页的《全国重要文物建筑简目》,这份简目不仅在解放战争中起到了保护文物的作用,而且为建国后文物保护工作做出了重要贡献。全国解放后,面对北京城的重新规划,梁思成据理力争试图保护更多的古典建筑,然而他的很多见解被否决了,而北京城的大量古建筑在重建首都的热潮中永远地消失了! 三、参与或主持设计诸多重大项目。1947年他被政府指定为中国代表,参与联合国纽约总部大厦设计,成为咨询委员会委员。1949年受聘为"国旗、国徽团评选委员会"顾问,亲手绘制了中华人民共和国国旗的第一张施工图,用坐标定位法规定了国旗的比例及五星的大小与位置。1950年受命参与国徽设计,以备选用。结果由他与林徽因为代表的清华大学的设计方案被选中。1950年10月1日,由他主持设计的中华人民共和国国徽正式挂上天安门城楼! 1952年,梁思成又与林徽因主持设计了天安门广场人民英雄纪念碑。

八、育子有方 满门俊秀

1963年主持设计了扬州鉴真和尚纪念堂等。此外,在人民大会堂尚未竣工之前,他还负责整修了中南海怀仁堂,而中华人民共和国早期的重要会议均在此召开。

由于梁思成致力于建筑学的教学与科研工作,因此撰写了一批较高水平的研究论著,如《清式营造则例》《中国建筑史》《中国雕塑史》等,后收入《梁思成文集》。梁思成以其在建筑学领域的重要影响,获得过诸多荣誉和社会兼职:1948年当选为"国立中央研究院"第一届院士、1952年任北京市政协副主席。1959年,梁思成加入中国共产党,并先后担任全国政协常委、全国人大常委、中国科学院学部委员等职。遗憾的是,这位20世纪中国建筑学领域的奠基人物,在"文化大革命"的狂潮中不幸含冤去世。

次子梁思永(1904—1954),生于澳门,著名考古学家和院士,是我国第一个接受过西方近代考古专业正规训练的学者,是中国现代考古学和考古教育的奠基人。1923年毕业于清华学校留美预备班,随后赴美留学,主攻考古学和人类学。1930年毕业于哈佛大学,回国进入中央研究院历史语言研究所从事考古工作。主持河南安阳小屯以及山东龙山镇等地的重要考古发掘工作,推论出仰韶、龙山与商文化之间的相对年代,其推论对新石器时代和商代考古具有重要参考价值。撰写于 1934 年的《城子崖遗址发掘报告》,成为我国首次出版的大型田野考古报告。1939 年出席"第六次太平洋学术会议"并提交会议论文,全面阐释了龙山文化,成为此后相关研究的重要参考文献。1948 年当选为中国第一届院士,1950 年被任命为中国科学院考古研究所副所长,1954 年因肺病去世。梁思永毕生从事考古事业,为国家培养了一批杰出人才,其论著《梁思永考古论文集》,在中国考古界影响较大。

三子梁思忠(1907—1932),生于日本,先后就读于美国佛吉尼亚陆军学院和西点军校。学成回国后,加入爱国将领蔡廷锴领导的上海十九路军,并任炮兵上校。1932 年,在十九路军抗击日本侵略期间,不幸患上腹膜炎,因贻误最佳医治时间而不幸去世,年仅 25 岁。

四子梁思达(1912—2001),生于日本,经济学家。1935 年毕业于南开大学经济系,随后考上本校研究生并于 1937 年毕业。当时社会主义思潮在中国方兴未艾,梁思达热衷于考察和研究与此相关的农村合作事业,并于

八、育子有方　满门俊秀

1937年9月与清华大学、燕京大学、协和医院等机构的同志在山东济宁县搞实验区。抗日战争期间，在重庆供职于中国银行。1949年供职于国务院外资企业局。1972年退休后一直居住在北京，2001年去世。其论著有《中国合作事业考察报告》（合写）、《中国近代经济史》（合编）、《旧中国机制面粉工业统计资料》（主编）等。

五子梁思礼（1924—　），生于北京，著名的导弹和火箭专家、院士。1941年赴美留学，在普渡大学获学士学位、在辛辛那提大学获硕士和博士学位。1949年回国后供职于邮电部电信技术研究所和通信兵部科学研究所，参与国务院组织的"十二年科学远景规划"，负责起草运载火箭的长远规划等。1965年调入国防部第五研究院，任导弹系统研究室主任。他是1964年我国成功研制地对地导弹系统的负责人之一，参加了1966年导弹核武器试验，并取得成功。此外，他还是我国向南太平洋发射远程液体火箭和长征二号运载火箭的副总设计师。在其主持下，中国首次将集成电路运用于导弹上的计算机，并首次以此进行全弹自动化测试等。梁思礼是中国导弹和航天事业的开拓者之一，为国家做出了巨大贡献，并获得诸多荣誉:1987年当选为国际宇航科学院院士,1993年当选为中国科学院院士,1994年出任国际宇航联合会副主席。

长女梁思顺(1893—1966),生于广东新会,中国诗词研究专家,燕京大学教师,中国文史馆馆员。自小跟随父亲,在日本接受了小学和师范教育,精通日文和英文,是梁氏兄妹中唯一没有读过大学的人。思顺自小爱好中国古典诗词,18岁时精选词中精品若干首,编成《艺蘅馆词选》。此书自1908年出版后不断再版,深受年轻人喜爱。作为长女,而且长期跟随父亲,她对于父亲的事业和梁家的贡献颇多,因此她是梁启超最深爱的宝贝,在梁家兄妹中备受尊重。不幸的是,这位女中贤才在文革中多次遭到红卫兵毒打,含恨死于家中。丈夫周希哲,毕业于哥伦比亚大学获法学博士学位,曾任中国驻菲律宾、缅甸、加拿大领事或总领事。

二女梁思庄(1908—1986),生于日本,著名图书馆学家。1925年跟随大姐梁思顺去加拿大读中学,1926—1930年间就读于加拿大马基尔大学,获文学学士学位。1930—1931年间就读于美国哥伦比亚大学并获图书馆学

八、育子有方　满门俊秀

学士学位。回国后,先后供职于北平图书馆、燕京大学图书馆、广州中山图书馆,从事西文编目工作。解放后任北京大学图书馆副馆长,并于1980年当选为中国图书馆学会副会长。梁思庄一生致力于西文编目工作,是全国一流的图书馆学

梁启超与次女思庄、三子思忠,1910年摄于日本

专家。北京大学早期的几十万种西文图书目录都是她亲自或指导编制的。这位可敬的老人,为中国的图书馆事业辛勤奉献近50年,然而文革中也曾遭到凌辱。

三女梁思懿(1914—1988),生于北京,中共党员,社会活动家,曾担任过第六届全国政协委员。1933年毕业于南开女子中学,并考入燕京大学医学预科班,不久改学历史。曾任燕京大学"中华民族解放先锋队"大队长,并在"一二·九"爱国运动中担任燕京大学学生领袖。1936

年加入中国共产党,1941年赴美国学习历史,1942年毕业于加州大学历史系。梁思懿自入燕京大学到全国解放前,一直坚持参与各种爱国运动,并于1949年解放前夕回国。回国后先后在山东医学院、山东省妇联工作,后调至北京担任中国红十字会对外联络部主任,致力于对外友好联络,多次代表中国参加国际红十字会议。

四女梁思宁(1916—2006),生于上海,中共党员、新四军战士。早年就读于南开大学,后因日军侵华而被迫辍学。1940年冒着生命危险,历经转辗投奔新四军123支队司令部,从事宣传工作,1941年加入中国共产党。建国初期,陈毅元帅曾对梁思成说:"当年我手下有两个特殊的兵,一个是梁启超的女儿,一个是章太炎的儿子。"他所说的梁启超的女儿即梁思宁。由于极"左"思潮的影响,梁思宁被扣上"保皇派领袖梁启超的女儿"的政治帽子,于1948蒙冤被开除党籍,直到1983年才得以平反昭雪。

梁门子女九人皆为才俊,着实令世人惊叹。他们的成功不管有多少原因,但父亲的影响是最为重要的。梁启超的一生,始终处于极其繁忙的状态,然而百忙之中的

八、育子有方 满门俊秀

他始终尽最大的努力引导孩子们成才。教育是梁启超一生最为关注的话题。青年时代他就树立了教育救国的理想,希望通过新的国民教育,培育新民,从而创建新的国家。正因如此,他非常重视家庭教育,认为"君子不教子"是最大的过错。因此对于自己的孩子,不论男女,他都尽全力引导他们在德智体各方面综合发展。限于篇幅,我们这里仅就梁氏对子女的智力教育和人格精神的引导进行简要介绍。

就智力教育而言,梁氏特别关心子女对文化知识的接受和专业技能的培养。由于梁氏学识渊博,所以在孩子们的智力教育中,非常注重中西贯通的培养模式。

梁启超流亡日本初期,工作极为繁忙,此时大女儿梁思顺已经7岁,需要接受系统的知识教育,然而除日语学校外,没有中文学校。梁启超深知中国传统文化不能丢弃,因此亲自担任大女儿的国学导师,讲授中国经书及古典诗词,训练中国书法,教授日记和作文并进行精心修改。此外,梁启超还邀请康有为以及清华大学国学研究院高材生谢国桢等为女儿讲授国学。梁启超的努力使思顺奠定了扎实的国学功底,还使她成为了中国诗词研究专家。再比如,梁思成12岁时,梁启超就将宋代《四书》①的影印本赠给他,并要求梁思顺督促其学习。1923年梁思成被汽车撞伤住院期间,梁启超特意为他安排了国学计划。他在写给思成的信中说:"吾欲汝在院两月中取《论语》《孟子》温习谙诵,务能略举其辞,尤其其中有益修身之文句,细加玩味。次则将《左传》《战国策》全部浏览一遍,可益神志,且助文采。更有余力读《荀子》则益善,各书可向二叔求取。《荀子》颇有训诂难通者,宜读王先谦《荀子集解》。"梁启超对国学的重视,是针对所有孩子的。如1925年9月21日在写给远在海外的思顺、思成、思永、思庄的信中说,给他们寄去了《后汉书》《战国策》《左传》以及各种小说等书籍10余包,希望他们学习、分享。如此等等,足见梁氏对国学教育的重视。梁启超重视国学而不沉溺于国学,他深知中国的进步还需要借助于西方先进的科学知识。因此,他本人不仅为国人引进了大量西方学说,还非常重视子女对于西学的接受。比如对于思顺的教育就聘请过日本学者为其讲授法学、国

---

① 中国古代经典《大学》、《中庸》、《论语》、《孟子》。

八、育子有方　满门俊秀

际法、比较宪法以及财政学等。因此,尽管思顺没有上过大学,但是良好的中西学教育足以使她成为一代才女。除思顺之外,其他孩子都上过大学,而且大多数在国外完成学业,系统地接受了西方科学知识。由于梁门子弟具有较好的国学基础,他们在接受西方学说时就有了比较和参照,利于取舍。因此,梁家子弟都是学贯中西且学有专攻的高级知识分子。

值得称赞的是,梁启超对孩子们求学学校和专业选择从不强求,只提供参考意见,决定权留给孩子。比如梁思庄在加拿大选报学校时,梁启超希望她报考皇后大学,而思庄选择了同样著名的麦基尔大学。在专业选择方面,梁启超预见生物学在未来社会的重要性,因此建议思庄选择生物学,而得知生物学无法引起思庄兴趣时,梁启超赶紧写信让她自己决定,最后思庄转入美国哥伦比亚大学选择了图书馆学,并最终成为了著名的图书馆学专家。此外,对于学问的方法,梁启超也多加引导。比如,他对孩子们的学识,不仅希望专精而且希望广博。比如,对于理论与实践的关系,他希望孩子们学好理论的同时多参加实践,培养实践能力。再如,关于学习效率问题,他要求孩子们把握好"猛火煮"与"温火炖"两种功夫，即处理好突击学习与消化吸收的关系。梁启超在学习方面给予孩子们的诸多引导，使他们在学术之路上受益终生。

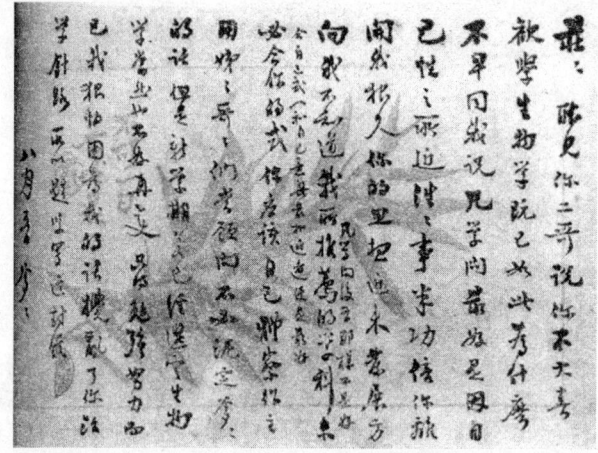

梁启超致女儿思庄的信

梁启超对于子女的教育，决不限于文化领域，因为他认为教育最重要的任务是"教人学做人"（《教育与政治》）。关于教育他曾指出，"德育居十之七，智育居十之三"。这并非说他不重视智育，而是说明他特别在意人格精神的培养。对此，他从诸多方面引导子女塑造良好的

八、育子有方　满门俊秀

人格精神。

比如,乐观精神的培养。梁启超一生经历了无数的大风大浪,且能够从容应对,就在于他面对困难时永不放弃的乐观精神,他将这种精神传给了他的儿女们。他曾对孩子们说,他的字典里从来没有悲观、厌世等字眼,要求他们的生活充满情趣。他说:"人必常常生活于趣味之中,生活才有价值。若哭丧着脸挨过几十年,那么生命便成为沙漠,要来何用?"(《学问之趣味》)因此,梁启超常将乐观精神与挫折教育同时进行。1923年梁思成被汽车撞伤后,需推迟一年留学,为此焦虑不安。梁启超劝导说:"人生之旅途苦长,所争绝不在一年半月,万不可因此着急失望,招致精神上之萎畏。汝生平处境太顺,小挫折正磨练德性之好机会。"(1923年7月26日《致梁思成》)再如,梁思庄刚到加拿大读中学时,觉得学习英语比较吃力,一次考试中只考得全班第16名,自信心大伤。启超得知后,立即写信说:"庄庄,成绩如此我很满足了。因为你原是提早一年和那按级递升的洋孩子们竞争,能在三十七人中考到第十六,真亏你了。好乖乖,不必着急,只须努力便行了。"对于乐观精神和挫折感的教育,使孩子们受益终生。1927年梁启超卧病在床,梁思成安慰父亲说:"爹爹尽可放心,我们兄弟姊妹都受了爹爹遗传和教训,不会走到悲观沉郁一路上去。"听罢,梁启超倍感欣慰,因为在他的影响下所有孩子个个乐观、坚强、富有生活情趣。

除乐观精神外,启超特别重视培养孩子们艰苦朴素的精神。启超出生寒门,尽管其生命历程中获得过无数的荣耀,但也历经过太多的艰苦磨练,因此特别注重培养子女们艰苦朴素的精神,哪怕是在养尊处优的时候也是如此。在民国初年梁家收入比较丰厚的时候,梁启超仍然不许子女乱花钱财,要他们秉承寒士家风,并特别指出舒适的生活容易消磨意志。20世纪20年代梁家子女多人在外留学时,梁启超除给够他们必需的路费和少量费用外,大部分学费和其他费用由孩子们在学习之余以勤工俭学的方式赚取,所以他们在外过得非常艰苦。比如梁思成在美国留学期间,除努力获取全额奖学金外,还做过餐馆洗碗工、游泳池救生员、罐头厂工人等。让孩子们接受这些磨练,就是为了使他们真正养成勤俭节约、艰苦朴素的精神。所以,在梁氏写给孩子们的信中特别引用孟子所说的"苦其心智,劳其

八、育子有方　满门俊秀

筋骨,饿其体肤,空乏其身"等古训(1927年11月24日《致孩子们》),以此激励孩子们。

再如,爱国思想的培养。梁启超对国家的爱是令人感动的。徐佛苏曾在《梁任公先生逸事注》中说:"先生四十年之中,脑中绝未忘一'国'字。"确如其言,梁氏一生多变,但爱国之心从未变。因此在对子女的教育中,十分注重爱国教育。儿女们小的时候就给他们讲爱国英雄的故事,尤其是关于抗击外来侵略的民族英雄的故事。孩子们长大后送他们出去留学,也是为了学成后报效国家。孩子们求学期间,正是中国极为混乱的时期,他在书信中教导他们说:"国家生命,民族生命总是永久的,我们总是做我们责任内的事。"(1927年1月27日《致孩子们》)因此,要求他们学成后报效国家。他说:"毕业后回来替祖国服务,是人人共有的道德责任。"(1927年5月26日《致孩子们》)梁门九个子女中有七人曾在国外求学或工作,他们学贯中西,成为了各行业的专家。以他们的素质和学问完全可以在国外立足,并获得较高层次的生活和工作,然而他们学成之后没有一个留在国外而是回来报效国家。即便没有出国的两个子女,也为国家奉献了自己的才智。梁家子女对国家的忠诚,显然与父教密不可分。

梁启超对子女的引导是多方面的,对于婚姻他也非常关心。其方法是:先替儿女们考察某一对象,觉得很优秀时再引荐给他们,让他们在相处中去感受对方,如果满意便赞成他们结婚。用这种方法,梁启超促成了梁思顺和外交官周希哲的婚姻,促成了梁思成与一代才女林徽因的婚姻。对于子女的婚姻,梁启超既谨慎又开放,给予了子女充分的关爱和尊重,极力为他们营造融洽的家庭氛围。梁氏九个子女中除梁思忠因病早逝没有成家外,其余子女的婚姻和家庭都是十分美满和幸福的。

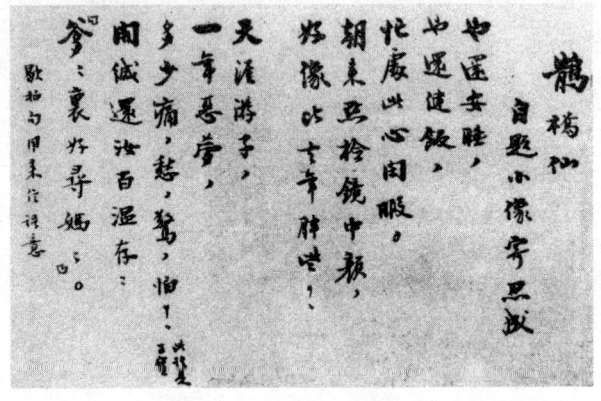

梁启超诗作手迹

八、育子有方 满门俊秀

在梁启超的精心引导下,梁家子女无论人品、学问,还是事业、家庭均令世人羡慕。曾任中科院历史语言研究所所长的傅斯年先生就曾赞叹说:"梁任公之后嗣,人品学问,皆中国之第一流人物,国际知名。"此语不仅是对梁氏子女的肯定,更是对梁氏成功的家庭教育的肯定。梁启超曾对儿女们说:"我自己常常感觉我要拿自己做青年人的人格模范,最少也要不愧做你们姊妹弟兄的模范。"(1927年5月5日《致孩子们》)启超以其渊博的知识、高尚的人格精神不仅成为了子女的模范,而且成为了国人的榜样。就教育而言,他也给后来者留下了无尽的启迪。

九、教育救国　学术研究

1840年鸦片战争的惨败及其后纷至沓来的一系列屈辱遭遇,激发知识分子追根问底、寻求国家与民族的出路。在此背景下,要求变革传统教育模式以推广现代教育的呼声迅速成为晚清先进知识分子的共识,相关论著如雨后春笋般不断涌现。康有为、梁启超生逢其时,因此教育救国成为他们变革中国的重要内容。康氏相关论著如光绪二十一年(1895年)《上清帝第二书》、光绪二十四年(1898年)《请开学校折》等。梁启超作为康氏思想的追随者不仅参与其中,并成为当时教育救国论的中坚力量。撰写于1896年的《变法通义》,主要内容就是变革教育以强国富国。相关文章如《学校总论》《学校余论》《论科举》《论学会》《论师范》《论女学》《论幼学》《论译书》等。这些

九、教育救国　学术研究

文章系统展示了梁氏早期教育变革的理论主张。此后梁氏陆续发表诸多论著,就教育问题展开广泛探索。代表性论著,女子教育方面有《倡设女学堂启》(1897),废除科举考试方面有《公车上书请变通科举折》(1898),教育主权方面有《异哉所谓支那教育权者》(1901),教育政策、教育宗旨方面有《教育政策私议》(1902)、《论教育当定宗旨》(1902),学校制度、学校章程等方面有《上海新设女学堂章程》(1897)、《湖南时务学堂学约》(1897)、《万木草堂小学学记》(1897)、《时务学堂功课详细章程》(1898)、《代总理衙门奏拟京师大学堂章程》(1898)等。据不完全统计,梁氏一生发表的关于教育方面的论著多达 80 余万字! 梁氏对中国近现代教育变革方面的贡献颇多。比如他关于中国现代学制的设想就是其一。撰写于 1902 年的《教育政策私议》最早设想了中国的国民教育体系。文章开篇指出"今日为中国前途计,莫亟于教育",因此梁氏以日本经验为蓝本绘制了"儿童身心发达表"和"教育制度表",以此阐释教育次第。

"儿童身心发达表"不仅对各年龄阶段的身心状况进行分析,还划分出相应阶段的教育层次:5 岁以下(幼儿

133

期)——家庭教育和幼稚园教育;6—13岁(儿童期)——小学教育;14—21岁(少年期)——中学教育;22—25岁(成人期)——大学教育。

"教育制度表",将教育类型划分为普通教育和专门教育两类。普通教育包括:幼儿园、小学校、中学校;专门教育包括:政治法律学校、美术学校、军事学校、师范学校、分科大学。此外,该表就各层次教育年限及逐级分流进行了详细划分。具体如下:幼儿园(2年),小学(8年)。小学毕业后有两种去向:一是进入各类专门学校,如政治法律学校、美术学校、陆海军学校、各类简易实业学校、各种高等实业学校等,修学4—5年;二是进入中学,中学分为文科、实科,均为8年。中学毕业后进入大学或高等师范院校,修业3—4年。梁启超绘制的"教育制度表"首次将国外先进的办学模式引进国内,为中国近代学制描绘了最早的蓝图。

在梁启超等社会精英的努力下,清政府于光绪二十八年(1902)制定了新的学制,即"壬寅学制"。该学制内容如下:初等教育10年(包括蒙学堂、寻常小学堂、高等小学堂和简易实业学校。简易实业学校与高等小学堂平行)——

九、教育救国　学术研究

中学堂4年(师范学堂与中等实业学堂与之平行)——大学堂6年(含预科在内。其中师范馆、仕学馆和高等实业学堂与大学预科平行),总学制20年。"壬寅学制"公布后进一步修改,形成了光绪二十九年(1903年)的"癸卯学制"。与"壬寅学制"相比,"癸卯学制"的体系基本相同,只是在大学堂之上增设了通儒院。这一学制总共21年(不含蒙学堂和通儒院的时间)。其中初等教育9年;中学与初级师范5年;大学加预科6—7年。从"壬寅学制"到"癸卯学制",清政府初步构建了近代国民教育体系。

清末形成的"癸卯学制"在中华民国建立前没有发生过根本性变动。民国成立后,在清末学制基础上建立了新的国民教育体系,即1912年9月3日教育部公布的"壬子学制"。从"壬子学制"公布到民国二年,这期间教育部又陆续颁布各种法令,它们与"壬子学制"综合起来形成一个新的学制,即"壬子癸丑学制",这一学制直到1923年才被"壬戌学制"取代。"壬子癸丑学制"的基本教育期限为18年,分三段四级:一为初等教育,分初等小学校、高等小学校两级,共7年;二为中等教育,只有一级,4—5年;三为高等教育,同样只有一级,分预科、本科,共计6—

7年。该教育体系中最底层为蒙养园,最高层为大学院,二者均不计年限。民国初年形成的"壬子癸丑"学制与清末学制相比,最大区别在于改称"学堂"为"学校",此外其教学机构更加精炼,很多体例一直沿用至今。回顾20世纪中国国民教育体系的产生和发展,我们有理由将梁启超称作中国现代国民教育体系之父!

对于教育救国,梁启超绝非只在理论方面着力,而是实实在在参与其中。自万木草堂始,梁启超因得益于康有为的言传身教,已将教育救国理念铭刻于心,因此当他执教于湖南时务学堂时,当他在日本创办学校时,都特别重视这一理念。然而历史的急剧变化,将梁启超直接拖入血与火的现实政治斗争中,使其无暇潜心于教育。因此,自1898年流亡海外后至1920年欧洲考察归来的20年里,梁启超的大部分精力主要用于直接的政治活动。这20年,梁氏历经各种风云变幻并获得过诸多荣耀与成功,但20年来的中国政治现状——军阀混战、民不聊生、没有真正实现民主共和——仍令其失望,因此其内心深处的失败感随着他1917年退出政坛而日益加剧。回顾20年来的风雨历程,梁氏认为以他为核心的同党始终未

九、教育救国 学术研究

能掌握中国的领导权,其根本原因在于他们缺乏大量的优秀人才。梁启超不甘于失败,他仍想在中国日后的政治变革中大有作为。为能实现这一雄伟抱负,他决定再次从教育入手,培植同党的优秀人才。为此,梁启超晚年致力于教育救国的诸多探索。

一、创办学社并聘请国外学者来华讲学。梁启超作为精英知识分子,他希望以集团的力量使志同道合的知识分子能够引领中国文化界。为此,他以主导者身份筹划了各种学术团体,如新学会、共学社、讲学社等。梁氏将这些学术团体作为实现其政治抱负的途径之一。

1919年,梁启超、蒋百里、张东荪等人发起成立"新学会",其宗旨见于同年9月该学会主办的《解放与改造》杂志第1卷第1号的《编例》《解放与改造宣言》以及《新学会宣言书》。如《编例》指出,"主张解放精神物质两方面一切不自然、不合理之状态,同时介绍世界新潮以为改造地步。"具体内容是:"凡关于哲学、心理、社会、伦理、政治、经济、教育、法律、生物、文学等著述,与前项宗旨相符者,皆所欢迎。"《新学会宣言书》指出,办这个"新学会"就是希望研究世界最新的思潮、最新的学说,以此作为研究中国种种问题的参照。梁启超要求尽力推广这些学说，使其成为革新国人思想的资源，为中华民国的新生建立基础。概言之，新学会就是要从学术思想上谋求国人思想的根本改造，以此作为构建未来中国的基础。

新学会之后，1920年梁启超及其同人又创办了"共学社"。该学社的目的，从本年5月20日梁启超写给梁伯强等人的书信中可以窥知。书信说："培养新人才，宣传新文化，开拓新政治，既为吾辈今后所公共祈向，现在即当实行著手，顷同人所立共学社即为此种事业之基础。"可见，共学社也试图从文化传播入手以开拓中国新政治。

1920年9月5日，梁启超、汪大燮、蒋百里等人又发起成立了"讲学社"。其宗旨是："将现代高尚精粹之学说介绍于国中，使国民思想发扬健实。""我们对于中国的文化运动，向来主张绝对的无限制尽量输入。""我们要大开门户，把现在有价值的学说都要欢迎，都要灌输。这就是我们讲学社的宗旨。"[①]概言之，讲学社就是一个引进国外

---

① 详见1920年11月10日《晨报》刊发的《讲学社欢迎罗素之盛况》一文。

九、教育救国　学术研究

学术的组织——凡国外一切对中国有启发的学说均可引入。

1924年梁启超接待来访的印度著名诗人泰戈尔

梁启超及其同人创办的诸多学社中,尤以讲学社影响最大。这不仅因为会员中名流聚集,还因为他们不惜重金策划聘请世界一流的学者、作家来华讲学。如法国哲学家柏格森(1859—1941)、英国哲学家罗素(1872—1970)、印度诗人泰戈尔(1861—1941)等。这些世界名哲除柏格森因身体原因没能来华外,罗素、泰戈尔等人均如约来华开展学术讲座等文化交流活动。他们的到来为中国思想界注入了空前的活力,在中国文化界产生了巨大影响。当时的中国积贫积弱而又动荡不安,这样的乱世、这样的国度能够请来世界一流的学者和文学家,着实令人惊叹。毫无疑问这其中最重要的因素就在于梁启超的个人影响力及其为聘请客人而付出的种种努力。

二、承办中国公学并发展同党在大学的势力。中国公学是清末革新派人士创办的学校。1905年中国留日学生8000余人因反对日本颁布的《取缔清国留学生规则》而进行罢课抗议,其中3000余人退学回国。经学生代表姚洪业、孙镜清等人的多方联络,最终获官方资助新建校舍以收容回国学生。1906年中国公学在上海成立。时至1920年,短短几年中国公学就经历了诸多变故——发起者中不少人相继去世,国家拨款捉襟见肘,因而办学经费主要由私人老板王敬芳资助。中国公学发生的诸多变故,使得身为公司老板又兼任校长的王敬芳颇为焦虑。1920年5月14日,王敬芳致信梁启超希望他来校主持工作。信中说:"抚今追昔,无限感伤。然中国公学者,诸友

九、教育救国　学术研究

人精神之寄托者也,倘公学前途得借先生之力扩而大之,诸友在天之灵,其欢欣感佩可想也。"王敬芳的真诚邀请与梁启超本人及其同党教育救国的宏伟抱负一拍即合,因此梁氏欣然同意加盟该校。1920年7月20日,梁启超写给女儿梁思顺(令娴)的信中说:"吾将以此为终身事业,必能大造于中国。"显然,梁启超已将中国公学作为实现政治梦想的基础,因此寄望很高。考虑到资金来源仍将依赖于王敬芳,因此梁氏委婉谢绝校长职位而要王氏继续担任,不过该校教务由梁启超的门生负责。加盟中国公学后,梁氏成为了该校的名片和精神领袖,他为该校的生存和发展费尽心思。

为能实现教育救国的宏伟目标,除中国公学外,梁启超及其同党还充分利用各种契机介入大学教育,如介入南开大学、清华大学、东南大学等。1921年12月11日,梁氏门生舒新城致信梁氏说:中国公学可交由他自己及张东荪等人管理;张君劢、徐志摩等可以介入南开大学;梁启超、蒋百里则致力于东南大学。这样可以使梁氏党人在教育界形成三足鼎立的局面,从而左右中国文化,并预计五年以后梁党遍布中国,再无人才匮乏之忧。舒新城对于掌控中国教育大局的设想与梁启超的雄伟抱负相一致,因此梁氏收信后欣然命笔复信于舒新城、蒋百里、张东荪等人。回信除充分肯定舒新城的眼光外,还特别提及清华大学需要文科人才的信息,希望速派同党进入清华。梁氏认为得清华就营造了舒新城所谓的"三窟"之外的"第四窟"。梁氏特别强调了得清华的巨大作用,认为同党必须将南开和清华作为实现梦想的最牢固的根基。此外,信中还提及厦门大学校长林文庆希望他推荐专任教师的事,梁氏希望门生及友人们抓住机遇、做好准备。

梁启超及同党对大学的介入始于南开大学。1921年南开大学校长张伯苓邀请梁启超去南开主持文科工作,梁氏深受鼓舞,并与同党商量经办此事的计划。他们商议专任教师骨干包括同党梁启超、张君劢、蒋百里、张东荪、林宰平,另外聘请著名学者梁漱溟。梁启超深信这一师资阵容必然能使南开文科光芒万丈。他预言说:"南开文科办三年后,令全国学校文史两门教授皆仰本科供给,其所益不已多耶?"显然,梁氏认为只要能掌控南开文科的主导权,几年之后全国的文科人才将大多出自于此,从

九、教育救国　学术研究

而使同党力量迅速主导全国高校。

梁氏怀着教育救国的憧憬,继承办中国公学后,渐次在南开大学、清华大学、东南大学等开展讲座或主持教学。几年之间,梁氏迅速成为中国高校文科领域的领袖,使梁氏同党在高校的影响力持续上升。在大学的领地里,梁启超因其渊博的知识、丰富的人生阅历、充满激情的个性而深受青年学子们的喜爱。比如他担任清华大学国学研究院导师期间就给学生们留下了深刻印象。梁实秋回忆他在清华聆听梁氏讲演时说:"他穿着肥大的长袍,步履稳健,风神潇洒,左顾右盼,光芒四射,这就是梁任公先生。他走上讲台,打开他的讲稿,眼光向下面一扫,然后是他的极简短的开场白,一共只有两句。头一句是:'启超没有什么学问'。然后眼睛向上一翻,轻轻点一下头说:'可是也有一点喽!'这样谦逊同时又这样自负的话是很难得听到的。"课堂上梁氏不仅幽默风趣,而且充满激情。对此有学生回忆说:"先生的演讲,到紧张处便成为表演。他真的是手之舞之、足之蹈之,有时掩面,有时顿足,有时狂笑,有时叹息……讲到《桃花扇》,悲从中来,涕泗横流;讲到'剑外忽传收蓟北',又是爽朗的大笑。"听梁先生的课如沐春风,因此学生非常喜欢。梁启超与清华的关系,除与王国维、陈寅恪、赵元任组成盛极一时的国学研究院四大导师外,早在1914年清华建校3周年之际他就来校演讲过。那次演讲梁启超引用了《易经》里的话来勉励清华学子要做君子、要树立完整的人格。引用语是"天行健,君子以自强不息;地势坤,君子以厚德载物"。那次演讲对清华学风产生了深远影响,此后清华将"自强不息,厚德载物"八字定为校训。

梁启超教育救国的实践不限于校园,还延伸至其他领域。他曾说:"欲创新中国,非赋予国民以新元气不可,而新元气决非枝枝节节吸收外国物质文明所能养成,必须有内发之力以为之主。"因此,他于1923年提出了创办文化学院的构想。此外,他还发起创办"松坡图书馆"以纪念蔡锷将军并教育后人;参与筹建京师图书馆、北京图书馆,并担任馆长;策划成立司法储才馆以培养司法人才,并亲任馆长。

对于教育事业,梁启超的座右铭是"战士死于沙场,学者死于讲座"。对此,他躬身践行。1928年6月,梁启超因病情恶化而被迫离开清华。1929年1月19日梁启

九、教育救国 学术研究

超带着对国家的眷恋,带着对未竟事业的遗恨永远地离开了国人!治病期间所著《辛稼轩年谱》尚未完稿而成为其绝笔!

付出终有回报,尽管终因中国政治走向的急剧变化,以及梁氏本人的英才早逝而没能实现他率领同党重整旗鼓以建立新中国的梦想,但是他在教育方面的努力,为未来新中国的建构培育了一大批优秀人才。据不完全统计,出自梁门或深受其教育影响的著名人士有蔡锷、林圭、秦力山、范源濂、唐才常、李炳寰、冯自由、徐志摩、徐中舒、蔡尚思、谢国桢、吴其昌,甚至包括周恩来等。此外,郭沫若、鲁迅、毛泽东等这些世纪伟人,同样无不受其深刻影响!

梁启超在教育领域的孜孜求索不仅奠定了他在教育界的崇高地位,并玉成了他在学术研究领域的丰硕成果。需要说明的是,梁启超后期在学术研究领域的孜孜求索,除因教学需要外,同样蕴含着深邃的政治抱负。早年的梁启超曾为革新中国而全盘否定中国文化(这只是一种策略),取而代之的是以德国和日本的国家主义思想作为理论根基而探索救国之路。但是随着国家主义狭隘性的

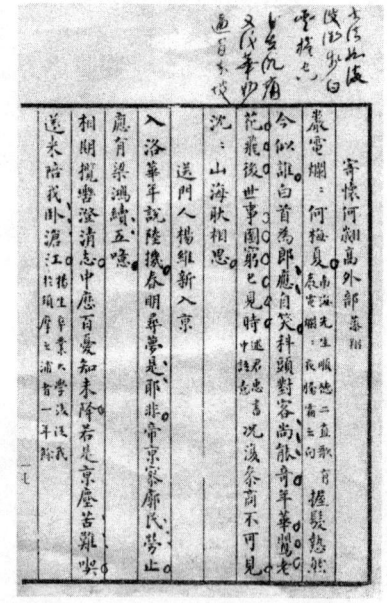

梁启超手迹

日益暴露以及德国在第一次世界大战中的彻底失败,梁启超开始对国家主义进行深刻反思和批判。在认可国家正当利益的同时梁氏开始关注人类全体的幸福和出路,因而他对第一次世界大战后国际联盟的建立和前途充满信心。国际联盟的建立需要全人类利害相关的心理认同,这种公共观念正是国家主义所缺乏而中国文化所富有的。具体而言,中国传统文化中的"世界主义"和"天下一家"的价值观,正好可以为国际联盟和新的国际秩序的建立提供精神资源,因此梁启超认为中国文化是拯救世界的精神资源。

梁启超对于中国文化将要担负的重要使命的判断,

九、教育救国 学术研究

缘于他对战后西方国民心理的认知,对此他在《欧游心影录》中有充分的说明。战后的欧洲之行使梁启超对一战后西方国民心理的转变有着非常直观的了解。与西方人的广泛接触使他看到第一次世界大战后西方人强烈的悲观心理,他们希望能从中国文化中获得心灵抚慰,由此激发了梁启超试图以中国文化拯救世界的雄心。他在《欧游心影录》中说:

> 先秦诸哲、隋唐诸师,岂不都是我们仁慈圣善的祖宗积得好几大宗遗产给我们吗?我们不肖,不会享用,如今倒要闹学问饥荒了。就是文学美术各方面,我们又何尝让人?国中那些老辈,故步自封,说什么西学都是中国所固有,诚然可笑。那沉醉西风的,把中国甚么东西,都说得一钱不值,好象我们几千年来,就象土蛮部落,一无所有,岂不更可笑吗?……所以我希望我们可爱的青年,第一步,要人人存一个尊重爱护本国文化的诚意;第二步,要用那西洋人研究学问的方法去研究他,得他的真相;第三步,把自己的文化综合起来,还拿别人的补助他,叫他起

一种化合作用,成了一个新文化系统;第四步,把这新系统往外扩充,叫人类全体都得着他好处。……大海对岸那边有好几万万人,愁着物质文明破产,哀哀欲绝的喊救命,等着你来超拔他哩。

梁启超检讨了国人对于中西文化的两种极端心理,他寄希望于青年并为他们指明出路——用中国文化拯救世界。此后,梁启超多次阐释中国文化对于世界的责任。如他在《改造》的《发刊词》中说:"同人确信中国文明,实全人类极可宝贵之一部分遗产,故我国人对于先民,有整顿发扬之责任;对于世界,有参加贡献之责任。"再如他在《历史上中华国民事业之成败及今后革进之机运》中说:"中国文化,本最富于世界性,今后若能吸收世界文化以自荣卫,必将益扩其本能而增丰其内容,还以贡献于世界,则二十世纪之中国国民,必在人类进化史上占重要之职役。"如此等等,梁启超的欧洲之行使他重新确立了中国的自信,即中国文化对于拯救人类具有独特优势。因此回国后梁启超将主要精力投入到教学和学术研究之中,他试图发掘中国文化的精华以贡献于世界。

九、教育救国　学术研究

梁启超晚年全方位研究中国学术,确实包含了以中国文化拯救世界的雄心。比如他对墨学的研究,虽然早在1904年就已涉足,并有《子墨子学说》《墨子之论理学》两篇论著,但直到晚年才大倡墨学并撰成《墨经校释》《墨子学案》《墨者及墨学别派》《墨子年代考》《墨经通解叙》等论著。这些论著与他对国家主义的反思和以中国文化拯救世界的思想密切相关。在《墨子学案》的《第二自叙》中,他高度肯定了墨学"损己以利他"及"怯于攻而勇于守"的处世精神,指出后者是"今后全世界国际关系改造之枢机,而我族所当发挥其特性以易天下者也。"在《先秦政治思想史·自序》中又说:"书成后,徐志摩拟译为英文,刘文岛及其夫人廖世劭女士拟译为法文,倘足以药现代时弊于万一,斯则启超所以报先哲之恩我也已。"梁启超希望墨学成为"今后全世界国际关系改造之枢机",希望先秦政治思想"药现代时弊于万一",这些发自肺腑的话语,道出了他在学术研究中所寄予的深邃的政治用心。当然,梁氏晚年从事中国古代学术研究固然有其他因素,但欧洲之行的启发是最主要的原因之一。

梁启超人生的最后十年是他从事学术研究的黄金时

段,他以开阔的知识视野并吸收西方全新的研究方法对中国传统文化展开了大气磅礴的研究。其涉猎范围包括先秦诸子学、史学、文学、佛学、文献学、目录学、版本学、校勘学、考古学、谱牒学、天文历算、地理方志、图书馆学以及思想史、学术史、文化史等。其学术视野之开阔、研究成果之丰硕,在古今中外的学人中实属罕见,在20世纪中国学人中更是绝无仅有。虽然他的某些论著还存在不够精良的瑕疵,但这些论著开启了中国现代学术的诸多领域,不少论著甚至成为了某一学术领域的丰碑。其中《清代学术概论》(1920)、《先秦政治思想史》(1922)、《中国历史研究法》(1922)、《中国历史研究法补编》(1926—1927)、《中国近三百年学术史》(1923—1924)、《中国文化史——社会组织篇》(1925)等,成为了举世公认的学术经典,至今影响巨大。

梁启超去世后,其师友、门生以及社会各界人士在各地组织了隆重的追悼仪式,成千上万的挽联、挽诗从不同角度表达了国人的无限哀思。对此,谨借清华大学国学研究院学生侯锷的挽诗之一作为全书结尾,以此表达我们对这位"中国灵魂"的永久追忆!

九、教育救国　学术研究

整修后的天津梁启超故居,前为新楼(饮冰室)

独挽神州厄,一言天下惊。

此身终报国,何意计勋名。

正气永不死,宏篇老更成。

西山能入座,已是百年情。

延伸阅读书目

1. 丁文江、赵丰田:《梁启超年谱长编》,上海人民出版社,1983年版。

2. 丁宇、刘景云:《梁启超教子满门俊秀》,中华工商联合出版社,2002年版。

3. 吴其昌:《梁启超传》,百花文艺出版社,2004年版。

4. 蒋广学:《梁启超评传》,南京大学出版社,2005年版。

5. 董方奎:《新论梁启超》,华中师范大学出版社,2007年版。

6. 吴荔明:《梁启超和他的儿女们》,北京大学出版社,2009年版。

7. 夏晓虹:《追忆梁启超》(增订本),三联书店,2009年版。

9. 梁启超:《梁启超家书》,中国青年出版社,2009年版。

图书在版编目(CIP)数据

梁启超/齐小刚著. —南京:南京大学出版社,
2011.10

(中国思想家评传简明读本)
ISBN 978-7-305-08972-5

Ⅰ.①梁… Ⅱ.①齐… Ⅲ.①梁启超(1873~1929)
—评传 Ⅳ.①B259.1

中国版本图书馆 CIP 数据核字(2011)第 215016 号

出 版 者	南京大学出版社
社 址	南京市汉口路 22 号 邮 编 210093
网 址	http://www.NjupCo.com
出 版 人	左 健
丛 书 名	《中国思想家评传》简明读本
书 名	**梁启超**
著 者	齐小刚
责任编辑	胡 豪 沈佳梅 编辑热线 025-83594071
照 排	南京紫藤制版印务中心
印 刷	南京京新印刷厂
开 本	787×1092 1/32 印张 5.125 字数 73 千
版 次	2011 年 10 月第 1 版 2011 年 10 月第 1 次印刷
ISBN	978-7-305-08972-5
定 价	15.00 元
发行热线	025-83594756
电子邮箱	Press@NjupCo.com
	Sales@NjupCo.com(市场部)

* 版权所有,侵权必究
* 凡购买南大版图书,如有印装质量问题,请与所购
  图书销售部门联系调换